# 私、ひとりで死ねますか

―支える契約家族―

松島如戒［著］

日本法令®

# はじめに

江戸時代中期、大悟透徹《たいごとうてつ》した禅の高僧・仙厓義梵《せんがいぎぼん》和尚（1750年～1837年）は、自身の臨終に際し、弟子の面々からの「最期のおことばを」との求めに、にっこりとほほ笑んで「死にとうない」と言ったという。さらなる求めにも「ほんまに死にとうないのう」とつぶやくと、眠るように遷化《せんげ》したと伝えられている。仙厓和尚は享年87。当時の人の寿命からすると十分活躍したと思われるにもかかわらず、「死」が訪れる瞬間に至るも「命の時間が足らなんだ」と悔やんでいたかのように私には思える。

私たち凡人の多くは、「生を享《う》けたる者、必ず死を迎える」という何人も免れることのできない宇宙の摂理すら信じたくないともだえ、あがきつつ死んでいく。

私たちの祖先の時代、否、今日でも死は「他力」つまり誰かが後始末をしてくれるものと考えられている。だが、21世紀の今、死は「自力」つまり自己責任と自己決定によって迎えることが可能な時代となった。それを実証してくれたのは、長年教師として教え子や同僚のため生涯を捧げて生き抜いたMさんという一人の女性からの、「私、ひとりで死ねますか」という問いかけであった。

末期がんで入院中の病院からの電話であったが、Mさんによれば、お墓はもやいの会（※1）に入会し、その他自らの死の後始末として様々なことを一つひとつ片づけたけれど、自分の遺骸の処分や納骨、死後の諸手続など、どうしても死ぬ前にはできないことがあるという。りすシステム（※2）の生前契約（※3）がスタートした2年後の平成7年師走のこと、まだよちよち歩きのりすシステムであったが、Mさんが悩んでいたことのすべてをクリアできることがわかった。そこで、公正証書を超特急で完成させ生前契約を締結。平成8年2月21日深夜、Mさんは願い通りひとりで旅立った。

付き添っていた生前契約アドバイザー（※4）には、担当医師から今夜が臨終と伝えられたが、Mさんの「死に際は他人に見られたくない。ひとりで死にたい」という意思を尊重するため、アドバイザーは夕刻病院を後にした。そして寝入り端《ばな》、病院からの電話で起こされて病院に駆けつけ、粛々と契約通りの死後事務を行った。Mさんは、自身の体験を多くの人に知ってほしいと、自筆の遺書を遺してくれていたので、我々の機関誌で紹介し、私は「仮説が実証され、飛躍のはじまり」と書いた。

あれから20余年、「利用者はお師匠様」を合言葉に、我々は契約による家族づくりのノウハウを蓄積し今日に至っている。
時代の変化は私の予測より早く、結婚しない人が猛烈な勢いで増加している。昭和60年の国勢調査では、50歳まで一度も結婚したことがない割合を示す「生涯未婚率」が男女とも約４％であった。それが30年後の平成27年の国勢調査では男性23・37％で約６倍、女性14・06％で約３倍になっている。この勢いで生涯未婚率が上昇していけば、20～30年後には男性の半分くらいは家族をつくらないことになるのではないか。

本書は、時代を先取りした生前契約による「契約家族（※5）」づくりの四半世紀にわたる歩みについて、ケースを中心に整理したものである。課題は山積しているが、現実に契約家族をつくり、その中で人生を全うしてくれた多くの人々の姿から汲みあげたもので、賽《さい》の河原《かわら》に石を積み上げるような努力の中間報告でもあり、近未来への灯火《ともしび》でもある。

「人生の終盤に、人が切実に思い悩むこと」は、思いのほかたくさんある。

葬儀やお墓のことだけではない。自分の判断能力が十分でなくなった場合の身の回りの世話、入院・手術や老人ホーム入居に際しての保証人、一人だけの時に倒れた場合のこと、家財道具の処分やクレジットカードの解約手続き、ペットのこと…等々。事前に決めておき、信頼できる誰かに託すことができれば安心できる。

不安や心配を生前契約・契約家族によって解決し、自分らしく生き抜こうと決めた多くの方々との出会いによって生まれた本書が、〝人生の手じまい〟を考える読者の参考になれば幸いである。

平成30年8月　松島 如戒

※1 もやいの会…様々な事情で墓の維持に困っている人、入る墓のない人に「家族」「血縁」「宗教」「国籍」などの垣根を超え、自らの意思で「終のすみか」を決めておき、死後納骨できる合葬墓《がっそうぼ》「もやいの碑」を運営する会のこと。生前から「死後のすみか」を同じくする人々の仲間作りをしている

※2　リすシステム（Lissシステム）…Living support service（リビング・サポート・サービス）システムの略称で、生活支援サービスシステムのこと。

※3　生前契約…自分の葬儀や各種手続き、住居の片付け等（死後事務）、正常な判断力をなくした状況に至った時のサポート（後見事務）、人が生きていく上で従来家族が担っていたこと、例えば介護、入院保証や手術の同意、就職・老人ホーム入居時の身元引受保証人等（生前事務）を、あらかじめ公正証書契約により信頼できる法人等に委任しておく社会保障の仕組みのことで、委任内容を自分の判断能力のあるうちに決めておき、その執行を契約によって他者に託しておくこと。

※4　生前契約アドバイザー…生前契約利用者の思いを聴き取り、それを形にする専門職業人。ヘルパーなどとは異なり、契約により契約者本人を代理する権限を持つ。

※5　契約家族…血縁家族に対する言葉で、自分自身の生前事務、後見事務、死後事務（祭祀主宰者指定）などの事務を委任、受任することによって成立する、いわば契約上の家族関係。詳しくは第6章参照。

## 第３章 人が死ぬとこんなにたくさんの仕事がある

〈死後事務パート２〉社会的関係、住まいの片づけ、諸手続き…85

# 第1章

# 生前契約って、どんな人が、どんな時に?

1－①

# 親戚との縁は切った。誰に葬儀を頼んだらいいのか

「生前契約する人って、身寄りのないお気の毒な人達でしょう…？」

こんな質問はこれまで数限りなく受けてきたが、半分は当たり、半分はハズレである。

生前契約を希望するのは、どのような人たちなのか。様々な人間模様をケースから紹介しよう。

二十何年も前のこと。当時としては画期的な、宗教、性別、血縁を超え、しかも生前の申込みが条件という新しい形の、みんなで仲良く入れる合葬墓「もやいの碑」に納骨しようとする人々の集まりでの一幕。

手を挙げて、「ちょっといいですか」と立ち上がった男性、安田さん（仮名）。「私は最近、親戚とは縁を切り、新しいところに引っ越した。お墓はもやいの碑に入る手続きを済ませて安心している。しかし、葬式をどうするかで夜も眠れん。〝仏つくって魂入

れず〟というが、寺なんだから何とか私の葬式をしてくれないか」とおっしゃる。

　この安田さんのように、入るお墓はあるが、葬儀を誰に頼んだらよいか困っているという人が生前契約を希望されるのが一つのケースである。

　私は安田さんの要望に、「お気持ちはよくわかります。しかし、お骨と違って遺体は日に日に傷みます。連休が3、4日続けば臭いも出ます。直ちに『承知しました』という訳にはいきませんが、葬儀を誰かがしてくれるという仕組みが必要なことは、十分理解しました。1、2年お待ちください」と答え、その場をおさめた。

　以来このことを契機に、私は赤の他人が喪主となって他人の葬儀を行う仕組みづくりに奔走することになり、数年後の平成5年10月、我が国初の「生前契約」を世に問うことになった。

1－②

## 実の娘はいるけれど、遠くにいるので…

北原さん（仮名）夫妻には娘さんがいる。夫は商社マンで世界各地を飛び廻り、子宝に恵まれたのはアメリカ駐在中のこと。

娘の律子さん（仮名）が3歳の頃、南米勤務を命ぜられ、小学校入学の頃アメリカに戻った。北原さんご一家にとって、アメリカは住み心地の良い国で、以後、世界の各地で勤務したが、生活の本拠はアメリカに置き、律子さんも小中高それに大学も名門のH大学に進んだ。その後、アメリカ人のエンジニアを伴侶に選び、律子さんはアメリカ永住を決めた。

北原さんは会社で執行役員を務め、70歳を迎えるころリタイアし日本に帰国した。人生のラストステージには、否応なしに迫ってくる老いに伴う各種の疾病、介護、認知症が気になる。夫婦どちらが先になるにしても「死」の始末等々をどうするか――。

このように、実の子がいても子は子の人生を生きている、そんな子に親の老後の心配をかける訳にはいかないというのも一つのケースである。

1－③

## 親子仲は良いが、「人生の手じまい」は自分たちで

川崎市にお住いの青山浩さん・きみ枝さん夫妻（仮名）は、一男一女に恵まれ、厚生年金に加え企業年金をもらい、悠々自適な老後を楽しんでいる。

ご夫妻には贅沢な悩みがある。それは、人生のラストステージの過ごし方である。世間的には、息子は親の事業を継承し、その仕事もうまくいっており、娘は研究者と学生結婚し、はた目もうらやむほどの暮らし向きである。

しかし最近、「終活」とやらが世間の話題となり、介護、認知症になったときのこと、そして葬式をどうするかが気になっている。時折、子どもたちと話し合うと、「私たちに任せておけば大丈夫」と口をそろえるが、子どもたちの考えていることと自分たち夫婦の思いにはズレがある。

「裸一貫で九州から上京し、苦学して大学を出て小さいながら起業した。その事業も息子に譲った今、人生のラストステージは自分たちで設計して、それを実現してくれる確かなところに頼もう」ご夫妻はそんな結論を出した。

りすシステムの説明会（※）に参加し、公正証書（りすシステムの生前契約は公正証書の作成が基本となる）の作成を終えた。公正証書が完成した日、一族をホテルのレストランの個室に集め、今日に至る経過を話した。

話し終わるのを待っていたかのように大歓声がわきおこった。特に4人の孫たちは、「おじいちゃんも、おばあちゃんもすごい。でも、私たちにも手伝わせてね」という。

あらかじめ仕組んであったとはいえ、その日は、おばあちゃん（きみ枝さん）の77歳の誕生日。ケーキを切ってコーヒーを飲みながら、息子の健一さん（仮名）がこう言う。「父さん、ありがとう。ほっとしたよ。そして改めて父さん、母さんの勇気に敬意を表します」「親子でもラストステージのありようは、本当はどのように考えているかわからんもんな」と浩さん。

21世紀は「個」が尊ばれる時代。そんな時代にこんな生前契約もオシャレじゃないか。

※（生前契約）説明会…生前契約を検討している人に向けて、生前契約の仕組みやサービスの内容を紹介するりすシステム主催の説明会。

## 「金を貸してくれなければホームの保証人を降りる」と言われている

1－④

20年近くも昔になるが、ある秋の日の午後、一人のご婦人が来所された。部屋に入ってくるなり、「新聞に出ていたけど、こちらでホーム入居の保証してくれるの？」と少々興奮気味におっしゃる。

「できます。大丈夫ですよ」と私。

「良かった！」

この南山則子さん（仮名）は、現在、姪の雪枝さん（仮名）に老人ホーム入居の身元引受保証をしてもらっている。ホームの保証人（※）になるのを待ち構えていたかのように、姪からお金の無心が始まったという。いまでは全財産の半分以上を姪に貸してしまった。

ある日、姪が、「子供が私立中学の試験に受かったので、１００万円ほど貸してほしい」と、手土産を持ってホームにやってきた。

則子さんは、「私の虎の子を、もう半分以上あんたに貸したんやで。これ以上貸すと

〝死に金〟がなくなる」と断った。

姪は、則子さんの言葉が終わるか終らないかのタイミングで、「わかりました。それではホームの保証人は降ろさせてもらいます」と、捨てゼリフを残して帰っていった。

南山さんは、私たちに訴えかけるように、「姪はふたこと目には『私たちがおばさんの面倒を見るので、何も心配しなくていいから』と言うけど、今現在、私のわずかばかりのお金を当てにやりくりしている者が、先々私の面倒なんかみられる訳ないでしょう」とおっしゃる。

私も、「まったく、そうだ」と納得した。

似たようなケースはよくある。ここまで露骨なのは極端な例であろうが、大なり小なり身内に保証人等を頼むと、たとえそれがこのようなお金目当てではなく、純粋に善意の身内であったとしても、その身内に対して負い目を感じたり必要以上に気を遣《つか》ったりしてしまう人がほとんどである。

南山さんは90歳を過ぎた今も、生前契約で決めた内容によるサポートを受け、埼玉県内のホームで元気に暮らしておられる。

※（老人）ホームの保証人…一般的に「日常の連絡先」、本人に代わっての「医療上の判断」「医療費や施設費などの支払い」「本人が亡くなったときの遺体の引取りや遺品の処分」「居室の返還手続き」などの役割・責任を負う。ただしこれらは法律で明記されている訳ではないので、どのような責任を負うかはそれぞれの施設により異なる。身元引受保証人とは、このようにホームに対する債務保証と同時に、ホーム入居者が契約通りのサービスを受けているか否かのチェックをする責任があり、ホームにものを言わねばならない役割を負う。

1－⑤

# あてになるようでならない親友
# 遠くにいてもやっぱり親族（※）

子どもがいない人たちから「私に何かあったら、良いお友だちが大勢いるので心配ない。すべて任せてあるから…」と言われることがある。友だちは大切だし、良き友を持つことは人生で最も幸せなこと、などと昔から言われている。だが友だちに死後のことを託すとなると、我が国は法律によって規律されている国家なので、「友情」という関係性だけでは不十分なことが多い。

都内の大きな病院の総婦長をしていた町村恵子さん（仮名）が亡くなった夜のことである。「私、町村さんのお隣に住んでいる者です」との電話を受けた。

その隣人がおっしゃるには、〝町村さんの友人〟と名乗る人が4～5人集まり、夜中まで電気をつけて大騒ぎし、朝方たくさん荷物を車に積み込んで引き上げた、というのである。

お隣にまで聞こえるような大声を出し、「これは私がいただくことになっていた」とか「恵子さんは私にも同じことおっしゃっていた」等、大変な騒ぎで、その浅ましさにあきれ返ったという。「お宅が管理されているんじゃないんですか？」と問われ、電話を受けたアドバイザーも一瞬言葉を失ったが、「これから伺います」と電話を切り、至急駆けつけた。

その〝友人〟らは、品物だけではなく、銀行預金も引き出しており、火事場泥棒のような浅ましさに私も愕然《がくぜん》とした覚えがある。もちろんこれも極端な例であり、真の友情や心の絆で結ばれた「友人」もたくさんおられるだろう。しかし、友人という身分だけで他にきちんとした契約がなければ、大切なお友だちが意識不明になったときの財産管理の権限や、亡くなった後に喪主として火葬したり納骨したりする権限は持ち合わせていない。

※「やっぱり親族」の意味…死後の事務については法律上の権限がないとできないことが多い。友人には法律上の代理権はないのでやはり親族となる。21世紀は「遠くの親族より、近くの〝契約家族〟」をつくることで安心が得られる。

## 職場の健康診断で「精密検査が必要」と言われた

1－⑥

拙著の『死ぬ前に決めておくこと　葬儀・お墓と生前契約』（岩波アクティブ新書）を何度も読み返し、「生前契約は、シングルでキャリアウーマンを通して生きてきた私のためのもの」と心に決めていたという大阪在住の猪部さん（仮名）。

とはいえ、時折気になりながらも生前契約を結ぶのにはまだ年齢的に早いと、実行に移す機会がないままでいたところ、勤務先の健康診断で「子宮がんの疑い」の通知を受け、そこであらためて「しまった」と思い、私どもの東京の事務所を訪ねて来られた。

契約までの詳しい手順などを説明し、大阪に支部もあるのでそちらで対応します、とお答えした。大阪の支部には保健行政の中枢で活躍した保健師が常駐しているので、医療関連のサービスは質の高いものが提供できる等の説明をすると、「検査の怖さも、その結果を聞く恐ろしさも、スーッと消えたようだ」と喜ばれた。

生前契約を実際に締結するまでには、説明会からスタートし、順を追って内容の一つひとつに納得し、同意して積み上げ、公正証書の作成まで2か月くらいかかるが、今回のケースは、それほど悠長に構えている訳にはいかないので、超特急で対応し、10日後の精密検査の日までに公正証書が完成した。

生前事務委任契約（※）の公正証書がないと、検査への付き添いも、検査結果の説明を医師から受ける際の同席も許されないため、急ぎ公正証書契約にこぎつけたのである。

この種のケースは少なくない。検査だけでなく、手術や入院の保証が必要になった場合の安心のためにも、ここを先途《せんど》と生前契約をされるのである。比較的年齢の若い、現役世代の方々に多いケースである。

※　生前事務委任契約…例えば急病時のサポート、入院保証など日々の暮らしの中で生じる様々な「こんなときに、こんなことをしてほしい」ということを、生前契約利用者（サポート依頼者）と事務を受任するリすシステムとの間で、あらかじめ公正証書により取り決めておく契約のこと。

1－⑦

# 自分の死後、障害を持つ子どもを守るために

都内で小中学校の教師をしておられる山田百合子さん（仮名）。夫は早くに他界し、シングルマザーとして、生まれながらに障害を持つ正くん（仮名）とともに生きている。そんな正くんも20歳を過ぎた。

教師という仕事柄、いろいろな情報にも出会い、障害を持つ子の親の会の活動にも多忙な仕事の合間を縫って参加している。

しかし、百合子さん自身が一人っ子であり、正くんにはイトコもいない。「私の死後、この子はどうして生きていけばよいのか、正が生まれて以来、このことを考えなかった日は1日もなかった」とおっしゃる。このようなケースは少なくない。

このケースでは、まず百合子さんとりすシステムが生前契約を結び、百合子さんの依頼に基づく正くんのサポートが可能となる。これに続き、百合子さんとりすシステムが家庭裁判所の審判により正くんの成年後見人になった。

審判があってから10年になるが、百合子さんは定年で仕事を辞め、息子の後見人の仕

事は百合子さんが主に引き受け、家庭裁判所への報告事務などを、りすシステムが担っている。

今後もし、百合子さんが認知症などを患うことになれば、りすシステムが受任している「任意後見契約」に基づき家庭裁判所に任意後見監督人選任の申立てを行い、百合子さんの後見事務が開始される。そして百合子さんは正くんの成年後見人を失職し、正くんの成年後見人はりすシステムが残る。このようにして切れ目のないサポートが実現されていく。

1－⑧

# 市民権を得た合葬墓《がっそうぼ》

「もやいの碑」は、東京・巣鴨のすがも平和霊苑内に、功徳院という寺が建立した合葬墓である。血縁、地縁を超え、ここを自らの終《つい》の住処《すみか》にしたいという明確な意思を持つ者なら、所定の手続きと費用を納めれば、誰でも入れる（納骨できる）墓である。

この墓は、私の恩師である元東洋大学学長の故磯村英一博士の呼びかけにより、平成2年6月に実現した、我が国初の本格的合葬墓である。

現在、合葬墓は全国にどのくらいあるのか。もちろん合葬墓といっても、納骨形態や管理、供養のあり方等多岐にわたるが、個人が死後、半永久的に墓の維持管理を必要としない多様な形態の墓を含めて、ここでは「合葬墓」と定義する。

お墓の専門誌「霊園ガイド」を発行している六月書房の酒本社長は、「当社で把握しているものだけで約1300か所以上。それ以外はカウントできていないが、実際には2000か所以上あるのではないか」と言う。元祖を自らもって任じ、その渦中に身を置いて来た私とて、この増殖ぶりには驚嘆するのみである。

墓地不足や新しいお墓の形については、新聞やテレビでも取り上げられることが多いもやいの碑では、納骨方式についても苦心した結果、高さ８㎝、縦横６㎝の小さな陶器のツボを特注で作り、ツボにはのど骨など大切な部分を入れ、それ以外のお骨は他に納骨場所を建立することとしてスタートした。他の納骨場所づくりは難渋したが、結局、功徳院本院（大分県）の境内地に建立した。

メモリー（通常の墓の「墓誌」）については当初、石壁に直接、氏名、生年月日を彫刻し、死後に没年月日を彫刻していたが、会員の増加でスペースが不足する事態となり、ステンレス板に彫刻したパネルを石壁に張り付ける方式とした。さらにそのスペースもなくなり、平成26年よりサイバーストーン（※）方式を採用し、今日に至っている。

※　**サイバーストーン（cyber stone）**…墓にはお骨の収納スペースとしての機能と、その人の生きた証を記録する機能がある。記録機能は石に彫刻する場合が多いが、それをサーバーに記憶させ、パソコンやスマートフォンなどの端末を通して閲覧するシステム（参考：拙著『サイバーストーン　――インターネット上の「墓」革命』毎日コミュニケーションズ・平成９年７月刊）。

## 親子仲を回復させた生前契約

1－⑨

神奈川県にお住いの熊井桃子さん（仮名）。生前契約の説明会に来られ、「子どもはいるが折り合いが悪くて頼れないし、頼りたくないので生前契約をしたい」とのことで、お話を進めていった。

個人面談で「生前契約企画書」（※）づくりも終わり、いよいよ公正証書作成の日程を決めるころになったある日、熊井さんからの電話を受けた。

熊井さんは子ども達に書類一式を見せて、いよいよ公正証書を作成することになったと告げたという。

すると、真っ先に反応したのが息子の英二さん（仮名）の妻、桂子さん（仮名）。「何で私たちに相談もしないでそんなことするんですか！」とかみついた。「何で？あなたたちに迷惑をかけたら申し訳ない。お父さんも亡くなったし、自分のことは自分で決めて、あなたたちに迷惑かけないようにと考えたのよ」と桃子さん。

このやりとりを黙って聞いていた英二さんが、「母さん、俺たちが悪かった。母さんにそんな思いをさせるなんて。もともと俺は長男だし、桂子だって俺と結婚する以上、母さんの面倒は見させてもらうつもりでいるんだ。なあ、桂子！」と妻に同意を求める。

桂子さんも「私はお母さんに気に入ってもらえない、いたらない嫁ですが、お母さんに介護が必要となれば、お勤めをすぐに辞めて…という訳にはいきませんが、英二さんや子どもたちにも協力してもらって、精いっぱいのことはさせてもらいます」と言ったという。

熊井さんは、電話でこの顛末をとてもうれしそうに話された。〝ダシにされた〟生前契約だが、それはそれで良しとしよう。

※　生前契約企画書…「死後事務」について契約者自身の意思を、生前具体的に明らかにしておき、その執行を託すための書類のこと。内容は、柩や骨壺の指定、通夜や告別式の要・不要、荷物の片づけの要・不要、納骨先の指定、死亡に伴う各種届出、死亡後の個人情報の管理など多岐にわたる。

1－⑩

## 甥にも姪にもそれぞれ4人の親がいる

　仙台にお住まいで、定年まで役所勤めをされた岩田加奈子さん（仮名）は、りすシステム主催の「私のための生前契約講座」を受講された方。講座の終了後、「ちょっとご相談が…」と呼び止められた。

「私、今年で定年なんです。兄、姉、妹それぞれに子どもがいて、甥姪もたくさんいるんですが、それぞれ親を４人かかえているでしょう。とうてい私にまで世話してもらえる順番が廻ってこないって、ずーっと考えていたのです。私は独身を通してきたので、生前契約のことは以前から資料を集め、代表（注：筆者）の書かれた本も読み、今回講座を受けたのです。りすシステムや生前契約のことを勉強して、ここなら安心だから利用者としてお世話になることを決めました」と加奈子さんは気負うこともなく、淡々と語られた。

　一緒にお話を聴いていた生前契約アドバイザーも、一言ひとことにうなずきながら、納得した面持ちで聞き入っていた。加奈子さんのお話と考え方には説得力があり、私自身も大納得で、「よくわかりました。とてもすばらしいお考えで尊敬します。ここまできっちりお考えになっている方に出会ったのは初めてです」とお答えした。

世間では、多くの人は「身内、身内」と言って、誰かを頼りたがるものである。そして、裏切られ、嫌な思いをする。それでも他に方策を見つけることのできない人は、また頼る。そんな繰返しが人生なのかもしれない。

『甥にも姪にもそれぞれ４人の親がいる』。このフレーズには、とても説得力がある。

1－⑪

# 生前契約でつくる「契約家族」を支える公正証書

私たちが生前契約をスタートさせたのは平成5年10月。それから数年後、某大手損害保険会社と通信会社とで立ち上げた「生前予約」というのが華々しくデビューした。

当時、葬儀業者などでは、生前契約とはいえないない仕組みのものを、「生前契約 引き受けます」と大々的に広告するケースが少なからずあったが、さすがに大手損保だけあって「契約」と謳わず、正直に「予約」の名称で日刊全国紙に全面広告するような状況にあった。

その当時、私は憂えた。この仕組みでは実効性の法的担保が整っていないので、成功しないだろうと思ったからであるが、それよりも私は「大手損保会社でさえむずかしい仕組みなのに、九州の小さな寺が取り組んでいるりすシステムの生前契約など信頼できない」という風評被害の発生を恐れたのである。しかし、そのプロジェクトは数年で霧消し、私たちにはまったく悪影響はなかった。

生前契約の仕組みは、公正証書によって支えられている。

公正証書については、「なんとなく知っている」という人は多いと思う。人と人、法人と法人、法人と個人間の契約の形で、最も信頼性の高いのが公正証書による契約である。最近は、新聞やテレビなどでも公正証書遺言が紹介されることが多くなった。

公正証書を作成するのは公証人という特殊な公務員だが、公証人は、公証人法（明治41年［１９０８年］制定）第26条により、法令に違反する契約、法律的効力のない契約、つまり無意味な公正証書の作成を禁じられている。さらに、被後見人や未成年で、後日その契約が取り消される可能性のある人を契約の相手方とした公正証書作成も禁じられており、公正証書の信頼性をより高いものにしている。

生前契約は「家族機能のアウトソーシング化」（外注化）である。家族間の相互扶助に契約はいらないが、他人に委託するには契約が必要になる。私たちは、公正証書による「死後事務委任契約」「生前事務委任契約」「任意後見契約」の締結に加え、「医療上の判断に関する事前意思表示書」「後見ノート」「遺骸の処理に関する意思表示書」という、契約内容を実行する際に必要となる事前の意思表示を受けることで、家族と同じ、否、場合によっては家族以上に質の高いサポートを可能にする仕組みを構築している。

阿南美樹さん（仮名）は私の古くからの知り合いで、ヒマラヤ周辺の６０００ｍ峰やヨーロッパ・アルプスの山々にも登頂した女性アマチュア登山家だ。

数年前、生前契約締結と還暦の記念にとネパールに出掛けた。そんな彼女は華麗な人生を生き抜いてきた人だけあって、人生の手じまいについても悩むことが多く、〝生前契約登山〟は難渋の末、やっと公正証書作成にたどり着いた。

にぎやかなことが大好きな美樹さんから、生前契約という山登りのパートナーであり指南役であった生前契約アドバイザーや私を招いて宴を催したいとの申出があり、銀座の某店で夜の更けるまで楽しい時を過ごした。

この席で美樹さんは、「カラパタール（５５４５ｍ）を踏破したが、生前契約登山は今まで登ったどの山よりも苦しかった。しかし、公正証書が完成し、公証人から『この証書はあなたの人生の守り本尊となるものですよ。本当におめでとう』との言葉を添えて手渡された瞬間の歓びは、生涯忘れられない。途中の苦しさは山登りに勝るとも劣らないが、歓びもまたひとしおだった」という内容のお話をされた。

最近は契約者の皆さんから直接歓喜の言葉をお聞きする機会も少なくなったが、スタートした頃にはそのような機会も多く、歓喜の涙を流し合うことも度々あった。

# 第2章

# 人が死ぬとこんなにたくさんの仕事がある

## 〈死後事務パート1〉自分自身のカラダの始末

2－①

# 死後事務の内容

人が一人亡くなると、葬儀（遺体の処理）にはじまり、実に多くの仕事（事務）が発生する。この仕事のことを、生前契約では「死後事務」と位置づけている。「死後事務」は「生前事務」と対になる考え方で、元々私たちりすシステムの造語であったが、りすシステムの生前契約が始まってから四半世紀を経た今日では、一般的に使用されるに至った。

ここでは死後事務を、人が亡くなると必ずしなければならない「基本型」（死亡届の提出、火葬、骨あげ、納骨、保険・年金の資格喪失届など）と、自分が亡くなった後にしてほしいと希望する「自由選択型」とに分けている。

死後事務とは具体的にどんなものか考えてみよう。

人が亡くなれば、誰もが死亡者について必ずしなければならないことが法律で定められている。

まず、死亡診断を行った医師から「死亡診断書」の交付を受ける。病院等で死亡した場合は遺体を引き取る。この時点で遺体の管理権は喪主に移転し、引き取った遺体を火葬までの時間安置する場が必要となる。かつては自宅で安置できたが、現在の住宅事情や近隣関係などでは自宅安置が困難になり、葬祭場等の安置施設で安置することが多い。遺体はタクシーに乗せられないので、国土交通大臣の許可を得た霊柩車で搬送することになる。

次に、死亡届を出さなければならない。死亡届出義務がある者は、

①　同居の親族
②　その他の同居者
③　家主、地主又は家屋もしくは土地の管理人　　（戸籍法第87条第１項）

である。

死亡の届出は、同居の親族以外の親族、後見人、保佐人、補助人及び任意後見人でもすることができる（戸籍法第87条第２項）。

続いて、死亡の届出をした市区町村役場で火葬許可証の交付を受ける。死亡時から24時間以上経過後、火葬に付す。この間に宗教儀礼である通夜、葬儀告別式などを行ってもよいし、行わなくてもよい。

このように見てくると、「死後事務のメインは葬儀告別式」と思い込んでいる人は多いが、実は火葬・骨あげ・納骨までが死後事務の主役であることに気づかれるだろう。

以上が遺体の処理に関わるものである。

社会関係の清算も重要である。健康保険、介護保険、年金の資格喪失届、未払い保険料などの支払い、過払い金の受領、健康保険主体からの死亡見舞金の受領手続き。1月から死亡の日までに生じた所得に対する準確定申告と納税。医師免許等の国家資格の返還（ただし、自動車運転免許は返還不要）。関係団体等への死亡通知等々、家族がいる場合はなんとなく処理できていた仕事も、その立場に立たされた者が主体的に死後事務をまっとうしようとすれば想像以上にやっかいだ。

次は、死ぬまで生活していた場の始末である。

電気・ガス・水道料金等の支払いや供給停止手続、借家であれば家主への返還事務、原状回復、不用品の処分、宝飾品などの貴重品その他必要な品物の運び出し、清掃、破損箇所の修復、吊った棚など付加施設の撤去、未払い家賃があればその支払い、敷金など返還金の受領などがある。

悩ましいのは、手紙、写真など思い出につながる記念品、仏壇、位牌、お札やお守り等宗教に係る物の取扱いだ。さらに、近年ではパソコン、スマートフォン、携帯電話等に記録されている個人情報の消去が重要事項となっている。これらについては、処分方法を書面で残しておき、死後その書面に忠実に事務を履行する。当然のことながら、プライバシーの保護には細心の注意を払わなければならない。

生前契約では、相続に関する事務は死後事務に含めていない。なぜならば、相続は被相続人（亡くなった人）の事務ではなく相続人、つまり遺された人、財産をもらう人の責任で行う仕事（事務）だからである。

## 死亡届を出せる人がいない

2－②

我が国では、人は2つの法律の定めをクリアしないと死んだことにならない。

一つは、肉体的な死の証明である医師又は歯科医師による死亡診断書（非正常死は死体検案書）の交付を受けること。もう一つは、この死亡診断書を添付し、戸籍法で定められている死亡届を出す資格のある者が、本籍地や死亡地、届出人の住所地等の役場に死亡届を提出し受理されることである。

「死亡届を出す人はどんな人でしょう？」と問えば、多くの人は町内会の人、親戚、最近では葬儀業者などと答えるであろう。実際に役場へ行くのはこれらの人だが、これらは「使者」であって、死亡届をする資格を持つ者の「おつかい」ということになる。

死亡届提出の義務のある人、義務はないが死亡届を提出することができる人は戸籍法で決まっている。義務があるのは同居している親族、親族ではないが同居している人、家主や地主、その管理人。その他特殊な例として、船長、刑務所の所長などにも法律は義務を課している。届出の義務はないが届出人となる資格のある人は、同居していない親族、成年後見人等である（戸籍法第86条、87条）。

これだけ広い範囲の人が死亡届を出せるのであれば、死亡届が出せなくて困ることなどなさそうだが、近年、死亡届を出せる人がいないケースが増えている。

同居の親族や内縁関係の人（入籍していないので法律上の関係はないが）が同居していればよいのだが、そんな人もいない一人暮らしであれば、まずアウト。また、家主・地主・管理人といっても、自分の土地に建っている自分の家に住んでいれば、家主も地主も、当然ながら管理人もいない。病院で死ねば何とかなるが、自宅で死亡するとまったくのお手上げになることがある。


都内の公団住宅（現ＵＲ）に住み、自宅で死亡した川平紘一さん（仮名）のケースを紹介しよう。

公団住宅は賃貸住宅なので、家主である公団に死亡届の義務があるのだが、現場の管理事務所などにそのことが周知されておらず、管理事務所の担当者に届出を要請しても頑として応じてくれないことがあった。

万策尽きて霊柩車に遺体を積んで区役所に行き、「区長に職権による死亡の戸籍記載をしてほしい」と談判したのだが埒《らち》が明かない。「それなら遺体を置いていきますから、役所で処理してください」と伝えると、何とか応じてくれたケースもあった。

これは一見無茶なことのようだが、実は法的根拠がある。墓地、埋葬等に関する法律第9条の「死体の埋葬又は火葬を行う者がないとき又は判明しないときは、死亡地の市（区）町村長が、これを行わなければならない」との規定である。

川平さんは生前契約をし、お金も準備し、生前に自分自身で死の準備を整えていたのだが、死亡届を出さなければ火葬許可証がもらえない。りすシステムが火葬するにしても、許可がなければ火葬ができない。そこで法律の規定により区長に火葬してもらおうじゃないか、という次第なのだ。

事の顛末はどうなったか。都内の火葬場に午前10時の予約をとってあり、それまでに区役所の担当者が何とかするというので火葬場で待機していたところ、担当者が直前になって火葬許可証を持参してやって来た。区長印を押すことを嫌い、住宅公団の管理事務所で当直職員を説得して死亡届に印を押させ、事務処理をしたらしい。

戸籍法は幾度となく改正を繰り返してきたとはいえ、明治4年（1871年）にできた法律である。明治4年といえば家父長制度による大家族の時代である。それにひきかえ、今日では一人暮らしの高齢者は増加の一途を辿り、死亡届を出せる者がなく、今後死んでもその届をしてもらえない人はどんどん増える。抜本的な制度の見通しは喫緊の課題である。

このような時代背景により、国も戸籍法による死亡届人の範囲を拡大する方向に進んでいることを知り、りすシステムでは任意後見受任者（任意後見契約は締結されているが、任意後見監督人が選任されていないため、まだ任意後見人にはなっていない人）と、喪主の依頼を受けた死後事務の受任者を、死亡届の資格者に含めてほしいとする陳情を法務省に対して行った。このことについて、去る平成30年2月9日、法制審議会戸籍法部会で参考人として意見陳述の機会を得た。戸籍法の改正は２０２０年の予定とのことで、陳情の成果を期待している。

2－③

# 医師に脈を取られつつ息を引き取らなければ「異状死」(※)か？

医師法第20条、歯科医師法第20条は次のように規定している。

・医師法第20条

医師は、自ら診察しないで治療をし、若しくは診断書若しくは処方せんを交付し、自ら出産に立ち会わないで出生証明書若しくは死産証明書を交付し、又は自ら検案をしないで検案書を交付してはならない。但し、診療中の患者が受診後24時間以内に死亡した場合に交付する死亡診断書については、この限りでない。

・歯科医師法第20条

歯科医師は、自ら診察しないで治療をし、又は診断書若しくは処方せんを交付してはならない。

私が子どもの頃、お年寄りから「畳の上でお医者様に脈をとられて死にたい」と聞かされていた。その意味をこの条文を読んで合点した。肉体的死の証明である死亡診断書は、お医者様がこと切れるのを自ら確認しないと書けない。書けなければ死体検案という手続きが必要になる。死亡診断書は歯科医師も書けるが、死体検案は医師の専権事項だ。

医師法第21条には「医師は、死体又は妊娠４月以上の死産児を検案して異状があると認めたときは、24時間以内に所轄警察署に届け出なければならない」とある。それでは、異状を認めなければ警察署に届け出なくてもよいか。現実には死亡診断書の書けないケースはすべて警察に届け出ることになるので、自宅で大往生しても、お医者様に脈をとられずにこと切れれば、警察沙汰になる。そんな事態を避けたいというのがお年寄りの願いであり、私自身もまったく同じ思いである。

これには例外もある。医師法第20条の但書きで、診療中の患者が受診後24時間以内に受診した病気等により死亡した場合、医師は死亡診断書を書くことが認められている。一定の年齢になったらぜひ、かかりつけのお医者さんと仲良くしておくことが生活の知恵となる。しかし、かかりつけ医と仲良しだからといって、毎日診察を受けに通院する訳にもいかず、現代の大往生は難しい。

こうした事態への対処として、大手警備会社のライフ監視サービスの導入が考えられる。特に一人暮らしの場合に有用なのは、自宅に設置したセンサーに一定時間反応がない場合は警備会社から電話が入り、電話に出なければ警備会社のスタッフが駆けつけてくれるサービスである。即死の場合は異状死扱いにならざるを得ないが、救急対応により病院に搬送されることが多いので、万一の場合でも死亡診断書を書いてもらえる。因みに80歳の私の住まいは、このシステムを導入している。

自宅での死亡については、国の思惑と高齢者の思いには齟齬《そご》がある。

国の思惑は、病院での終末期医療費は高額になるため、治癒の見込みのない患者はできるだけ急性期の病院では受け入れず自宅で療養、看取りをさせたいというもので、そのための医療、介護の施策を打ち出している。国民医療費が年間1兆円ずつ増え続けている我が国の財政事情では、当然といえば当然の施策と言ってよい。

問題は、「自宅で死ねば異状死（※）扱い」になってしまうことである。最近の警察庁の統計によれば、異状死として警察が取り扱った遺体（交通関係、東日本大震災による死者を除く）は、約16万9000体（平成25年）。平成16年時点の約13万6000体に対し、およそ1・24倍となっている。

国の施策により「死ぬのは自宅で」と強力に推進すれば、自宅死が増加する。自宅死イコール異状死とは言い難いが、法律上の異状死がますます増えることは想像に難くない。

※　異状死…異状死（体）とは、医師によって病気やケガによる死亡であると明確に診断された死亡以外の死亡のこと。具体的には、外傷・中毒・窒息など、外部で生じた原因による死亡。特に、事故や殺人などによって外傷を受けたことによる死亡や医療事故による死亡、不詳の死（病死か外因死か判断が下せない死）などが相当する。このような状態で死亡した場合を異状死と呼び、検視・検案の対象となる。医師が検案によって異状死体であると判断すると、医師法第21条「異状死体などの届出義務」に基づき、24時間以内に所轄警察署に届出をしなければならない。その後、必要があると判断されれば、死体は司法解剖・行政解剖に回される。

2－④

# やっと探し当てた親族に死亡届を断られる

横浜市に住む加藤孝一さん（仮名）は自宅で亡くなり、異状死として警察に届けられた。

警察には、生前契約を交わしたりすシステムが契約家族で、公正証書もあると説明したが耳を貸してもらえず、警察は親族探しをして、やっと静岡市に住むいとこの所在が分かった。遺体の身元確認を求めたが、いとこの修さん（仮名）は孝一さんとは「とっくの昔に親戚の縁を切ったので関わりたくない」と身元確認を断った。

その結果、生前契約企画書に写真の貼付もあり、私たちが孝一さんと十分面識があることを認めた警察は、アドバイザーに身元確認を求め、孝一さんであることを確認して死体検案を終えた。こうして、ようやく遺体はりすシステムに引き渡された。

親族のいることは警察が調べたのでわかっているが、死亡届をいとこの修さんに依頼することは初手から無理だ。いとこは法律上親族であり、同居していなくても死亡届を出す資格はあるが、義務ではないため無理強いはできない。

最終的には、孝一さんは賃貸住宅に住んでいたので、大家さんにお願いして届出人になってもらい、一件落着となった。ちなみに、大家さんには「家主、地主又は家屋若しくは土地の管理人」として、死亡届を出す義務がある（戸籍法第87条第1項）。

2－⑤

# 他人が死後事務を行える理由

死後事務委任契約の死後における有効性は、裁判の判決でも認められている。

その判決（最高裁判所第三小法廷平成4年9月22日判決（平四（オ）69号））とは、どのようなものか簡単に紹介しておこう。

ことの始まりは昭和62年春。法定相続人（姪・X）が1人いるAさんは入院中に、友人のYさんに預金通帳などを渡して「入院中の諸費用、死後の葬儀、法要などの死後事務、その他お世話になった家政婦さんへの謝礼などすべてのことを頼む」との契約をした。

Yさんは死者から頼まれたこと故、誠実に葬儀・法要などを行っていたところ、Aさんの姪Xから「残りのお金を返してほしい。さらに家政婦さんなどに差し上げた謝礼金は相続人たる私の承諾を得ず、叔母の財産を勝手に処分したことになり不法行為であるので損害賠償を支払え」との主旨で訴えられた。

一審は、Xさんの主張はもっともだと判断し、「通帳、印鑑等を返還すること。さらに謝礼金の支出は相続人であるXさんの承諾を得ることなく支払ったことは不法行為となるので損害賠償責任があり、90万円をAさんに支払え」という判決を下した。法律的にはともかく、社会通念上はメチャクチャな話だ。

こんな姪だから、Aさんが姪を信頼できずに友人のYさんにすべてを託した気持ちはよく理解できる。一般社会通念と法律とは必ずしも一致しないことがある。一審判決のよりどころとなった民法第６５３条は、「委任は、次に掲げる事由によって終了する。

一　委任者又は受任者の死亡。（二号以下省略）」と規定している。

Aさんが友人Yさんに入院中のことを含む死後の事務を、お金を渡して依頼したことは、法律的には民法の定める「委任契約」に当たると解釈し、先に示したように委任者（頼む人）、受任者（頼まれた人）のどちらかが死亡した場合、その委任契約はおしまいになるのだから、このケースでは委任者Aさんの死亡により、委任契約が終了した後、YさんがAさんから依頼されて支払った謝礼金は、Xさんが相続により当然に取得する財産を、Yさんが勝手に処分したのは不法行為となる、というのが一審判決であった。

控訴審でも、同様の解釈によってYさんに賠償金90万円の支払いを命じた。そこでYさんは最高裁判所に上告した。最高裁判所は次のように判断し、審理を高等裁判所に差し戻した。その後、高等裁判所は差戻審でこれらのことを認定した。

① 自分の死後の事務を頼むのに、自分が死んだらこの契約は無効になると考えるはずがない。むしろ当然に死後も委任契約は継続することを前提にしていると解釈すべきである。

② そもそも民法第653条の規定は強行規定ではなく、任意規定である故、頼む人頼まれる人との間で死亡により契約は終了しないとの合意があれば、その特約が優先する。

民法第91条は「法律行為の当事者が法令中の公の秩序に関しない規定と異なる意思表示をしたときは、その意思に従う」と規定しているので、死後の事務を依頼するに際し、「死後も委任契約は継続する」との第653条の規定と異なる契約内容に合意することは問題ないと解釈される。

③ 強行規定とは当事者間で合意しても効力を生じない事柄である。例えば民法第731条「男は、18歳に、女は、16歳にならなければ、婚姻をすることができな

い」、第７３２条「配偶者のある者は、重ねて婚姻をすることができない」などである。

④　裁判開始時に残っているお金については、預金通帳、印鑑などをＡさんがＹさんに渡した主旨は負担付贈与で負担（葬儀、その他）の履行が終了せず、今後の年忌法要等が継続中で、もしお金が不足すればＹさんが負担する予定であったことなどから残金はＹさんが保管し預かること。

2－⑥

# 死に装束はどうしますか？

生前契約の具体的な内容を決めるための「企画書」は、自分の葬儀に関する希望などの質問に答えていく形式のものだ。

20余年前、生前契約がスタートした頃の、企画書づくりのためのアドバイザーと契約希望者との個人面談の風景のひとコマ。住所、氏名、性別、生年月日、本籍地等の確認からはじまり、配偶者の有無、配偶者なしの原因（未婚・死別・離婚）などの事項を整理することが個人面談のスタートとなるが、「死に装束はどうしますか」という項目あたりまで面談が進み、ご自身の死を実感するのであろうか、涙ぐみ、言葉を発することができなくなってしまった方がいた。

「死出の旅仕度というの、あれはイヤよ」「親戚の葬儀などでもあの白い衣装以外みたことないけど、あれ以外でも大丈夫なの？」と訊かれる方は多い。最近では、一般の葬儀でも死に装束の選択ができるようになったが、20年以上も昔では、経帷子《きょうかたびら》以外は許されない環境にあった。

生前契約スタート時にお世話になった老舗葬儀社の営業部長は、「経帷子に手甲《てっこう》、脚《きゃ》絆《はん》を着けないとホトケさん（業界用語で死者のこと）は極楽浄土に成仏できません。だから素人は困るんだ…」と、あからさまに新しい葬儀改革運動を批判したものだ。

生前契約にはいくつものスローガンがあるが、その重要なものの一つが「利用者はお師匠様」。つまり、契約者がしたいと思うことはどんなことでもその希望を叶える努力をすることである。とはいっても、先に述べた（1-⑪）公証人法の規定と同様、法律を犯すこと、犯罪に加担すること、公序良俗…つまり公の秩序を乱したり善良な習俗に反する内容は、いくら「お師匠様のおぼしめし」でもご協力しかねる、というものだ。

皆さんはどんな死に装束を希望されるだろうか。生きている今現在、気に入っている物。生涯にただ一度、亡き夫が誂えてくれた和服。そんなに良いものではないが、夫の許《もと》への旅仕度には最適の一着等々、各人各様であろう。

大切なのは、これらの衣装の保管場所を指定しておくことである。例えばタンスの一番上の引出し、唐草模様の風呂敷に包んで押入れに等、細かい指定がされているとスムーズにいく。これまで多くの契約者を見送っているが、自宅に遺体が戻れるケースはほとんどなく、自宅に死に装束を引き取りに行くのが死後事務のスタートとなる。

2－⑦

# どんな柩《ひつぎ》がお好みですか？

「デパートに行けば、この世の中で必要なすべての物が間に合う」といわれている。売っていないのは柩と骨壷ぐらいだともいわれていた。その後、骨壷を扱うデパートは出てきたが、柩は現在でも扱っていないようだ。

今日でこそ、柩はインターネットでも売っている。りすシステムでも地球環境にやさしいクラフト製の柩「エコクラフィン」をインターネットで提供しており、年間にいくつか売れている。ベストセラーになった『大往生したけりゃ医療とかかわるな』（幻冬舎）の著者、京都の医師で、長年にわたって生と死を考える運動を進めておられる中村仁一先生にも一棹お買い上げいただいた。

20年以上昔のことになるが、手づくり葬儀運動に取り組んでいた世田谷の女性市民グループがホームセンターで購入した材料を用い、手作りの柩を作ったことがマスコミで報道されていた時代のこと、生前契約の企画書づくりの場面での一番人気は、美空ひばりさんが入ったといわれる布張りの高級柩だった。大好きなひばりちゃんと一緒のところへ逝きたいとの思いであったのだろうか。とても高価で、その当時利用したときには、葬儀業者からの請求額が40万円以上であったと記憶している。

この高価な柩は羨望の的ではあったが、火葬で灰になる物に大金を費やすのはもったいないと考える人のほうが多数派で、売れ筋は、「桐八《きりはち》」といってベニヤ板に桐の木目が印刷してある厚みが８分（約２・４㎝）という規格で、仕入れ価格で1万円前後のものであった。

# 死者のプライバシーは護られる

2－⑧

生前契約は「死者の人権」を認めることによって成り立っている仕組みで、「死者」にも死者固有の人権があることを前提にしなければ成立しない。我が国の民法は、第3条で「私権の享有《きょうゆう》は、出生に始まる」（出生により人権を享受する）とし、第882条で「相続は、死亡によって開始する」と定めている。つまり、死ねば生存中に有していた一切の権利義務は相続人が承継すると定めている。

生前契約では「死者の人権憲章」を制定している。死者の人権における最重要テーマは、「死者のプライバシーの保護」である。具体的には肖像権などである。

最近多くの葬儀で、参列者の誰かれかまわず「お別れ」と称し「死顔」をみせることが行われている。かつて死顔に対面が許されるのは近親者だけで、他人の場合はよくよく親しい関係であったことを遺族が認識していた場合に限り許されるといった具合に、死者の人権、肖像権を護ることが当然とされていた。いつのころからか、死者を冒涜するような振る舞いが葬送習俗として蔓延し、私は苦々しく思っている。

生前契約システム構築の過程で、このことを真っ先に指摘したアドバイザーがいる。彼女曰く「私は死体となって抵抗する術も、微笑みかけることもできないのに『いい死顔ですね』などと御託を並べられるのは耐えられない。生前契約ならこんな屈辱的な振る舞いを拒否できますか」。私は思わず「そのように意思表示し、契約しておけば、あなたの思いは必ず叶えられる」と答えた。このことが「死者の人権憲章」策定の契機になった。

生前契約は四半世紀を迎えるが、この死者のプライバシーを護るルールは私たちの組織内でのみ確立しているもので、社会全体に周知されるには至っていない。

ともあれ、生前契約で「死顔を他人に見せないでほしい」との願いが叶えられることに変わりはない。

2－⑨

# どんな霊柩車にしますか？

企画書づくりが進み、衣装、柩を決めて、霊柩車を決めるあたりまで来ると、落ち着きを取り戻し冷静になる方が多い。

霊柩車にまつわる「霊柩車が来たら親指隠せ」「霊柩車に出会うと良いことがある」等々の俗信がたくさんあるように、霊柩車は葬儀の花形である。

というのは、そもそも葬儀とは「野辺の送り」が原点だからである。家族、親族そして大勢の村人が、二度と戻ることのない永遠の旅立ちを見送るのが野辺の送り。今でも、出棺時に長い間使っていたお茶碗を割るのは、「再びこの家に戻っても、あなたの居場所はなく、お茶碗もないのでご飯を食べられない」という、生者の側からの死者に対する絶縁の儀式といわれている。ただ最近では、生者の側が死を確認し、受容するためのものと理解する向きもある。

江戸から東京に変わって街は大きくなり、墓地も遠くなった。加えて火葬の普及により死者を送る先は墓ではなく火葬場。となれば、普及しはじめた自動車、つまり霊柩自動車が出現し、霊柩自動車は現代の葬儀の立役者となったのである。

霊柩車の変遷も激しい。全盛を極めた宮型霊柩車は、今では落ち目。今日では、総選挙の最中に急死した大平正芳総理が乗ったことで、高級外車を霊柩仕様にした「洋型」が人気となった。しかし、最近の葬儀は参列者も少なく、見栄を張る必要がなくなったのか、家族葬などでの一番人気は、料金もリーズナブルな「バン型霊柩車」だ。

ちなみに、料金（最初の10㎞）は、最高級の宮型が５万４９０円（税込。霊柩専業最大手の東礼自動車株式会社の例）に対し、バン型は１万８１４０円（税込。りすシステム）とかなり差があるが、生前契約では、死後自分の乗る霊柩車まで選択し決めておける。

2－⑩

## お経はどうされますか？

「宗教儀礼抜き、お経は要らない」という希望は、昨今では珍しくない。生前契約をスタートさせた四半世紀前は、「お経がなくてもお葬式が出せるんですか？」と驚かれることが少なくなかった。

なぜ、生前契約の企画書には「お経はどうされますか？」といった項目があるのか。それは仮に僧侶をお願いし、宗教儀礼を行うにしても、それぞれの読経の場面ごとに選択することを可能にしているのが生前契約流だからだ。

同じ仏教でも宗派により多少違うが、一般的に寺は、檀信徒の誰かが息を引き取ったと知らせがあればいち早く駆けつけて「枕経」をあげる。半世紀以上も昔のこと、私が大分県別府市の松原高野寺という寺で小僧修行をしているとき、師匠から「死亡の知らせがあれば、掃除の途中、ホウキを放り投げても、早く駆けつけるように」と教わり、そのようにしていた。

枕経にお参りしたときに葬儀日程を決め、通夜の読経、葬儀での読経、火葬場で入炉前に最後の読経、収骨時の読経、焼骨は寺なり自宅に白木の箱に納めて戻り、後飾り壇にお骨を安置して読経、これでいわゆる葬式の全日程が終わる。

初七日《しょなぬか》、二七日《ふたなぬか》……四十九日（満中陰ともいう）、お盆になれば初（新）盆会、一周忌、三回忌、七回忌……五十回忌へと法要は続く。近時、都市部のみならず地方でもその日のうちに初七日の法要まで行うというのが普通になった。数日後に改めて初七日法要を行うというのも、生活圏が拡大している今日ではやや無理があると考えている。

葬儀と同時に初七日法要を行うことまでは容認できるとしても、「四十九日法要まで、まとめてやっちまえ」といった事例もあり、それはいくらなんでもヒドイと感じており、私の寺、功徳院では初七日までは許容範囲だが、四十九日法要を葬儀と同時にすることは絶対に受けてはならないと住職以下、僧侶に厳命している。

ここまで長々と述べてきた事柄は、仏教というか寺が、教義や信仰以前の問題として、人々の暮らしの中に息づいていた時代の郷愁といってもよい。今日では「一日葬」などといって、通夜の法要で引導作法までを終える。あるいは、通夜には僧侶を招かず、出棺・火葬時のみ宗教儀礼を行うことが多くなっている。

寺の運営責任者の私がこんなことをいうと顰蹙《ひんしゅく》を買うだろうが、「自分の『家』の宗教の教えもわからず、まして宗教を信ずる気持ちのない人々にとって、葬儀に係る宗教儀礼にどれほどの意味があるのか、ネコに小判じゃないか」というのが私の考えでもある。

そうはいっても、私は寺の責任者を務める身。そこで、少々屁理屈っぽい論理だが、身近な人の「死」という人生で最も辛く悲しい出来事は、仏教の教えを伝える（布教）チャンスだと受け止め、一般の人々とともに人生とは何か、死とは何かに思いを巡らすキッカケとして葬儀の宗教儀礼を位置づければ、生きる糧の一つとなり得るのではないかと考えている。

したがって、ちょっとでも「仏縁」に触れたいという思いがあれば、「読経は○○のときだけ」といった〝部分的オーダー〟で十分だから、葬儀の際に宗教儀礼を導入することをおすすめしたい。

2－⑪

# 葬儀に坊さんや戒名は必要か？

「お坊さんをお願いしないと、お葬式は出せませんか？」

生前契約のシステムを立ち上げたころからよく受けた質問であった。

四半世紀を経た今に至るも、私の答えは変わらない。

「あなたは仏教を信じていますか。信じていれば檀那寺《だんなでら》の住職にお願いしてきちんとした宗教儀礼を行えばよいでしょう。しかし信じていなければどちらでも良い、つまりお坊さん抜きの葬儀だって〝有り〟です」

ただ、この答えは必ずしも正確ではない。葬式とは儀礼であり儀式なのだから、宗教儀礼なしの弔いを「葬式」とか「葬儀」と言えるのか否かの躊躇《ちゅうちょ》はあるが、そう難しく考えることもあるまい。

次に「戒名がないお葬式って、できますか？」という質問だが、この十年この種の質問は著しく減っている。俗名での葬儀が珍しくないご時世となったからであろうか。

仏教を信じる人の仏式の葬儀に戒名は必須だ。宗派により多少の考え方の差はあるものの、戒名、法名はクリスチャンネームのようなもの、つまり死後世界で個を象徴するものと考えるからである。

こんな説もある。生前に仏教の教えに巡り合う縁を得ることのできなかった人が、死後に釈尊との縁を得て仏道に入門する。つまり没後作僧《もつごさそう》、死後に僧を作る、その際、死後世界での名前として戒名を授かる、という考え方である。

平成27年12月、Amazon.com（アマゾン・ドット・コム）が「僧侶手配サービス」を開始したことが話題になった。僧侶がプロダクションもどきの紹介所経由で葬儀や法事などのお勤めをするのは、都市化により多くの人々が地方から都市に集まり、檀那寺を持たない人の増加により、葬儀業者が葬儀請負時の付帯サービスとして長年行っていたもので、決して目新しいことではないのだが、この事態に公益財団法人 全日本仏教会は、同年12月24日付で理事長談話をプレスリリースしたとマスコミは報じた。

私自身、寺の経営責任を担っている寺側の人間だが、この談話にはあまり説得力を感じない。談話によれば「布施は慈悲の心をもって他人に施すことで、修行の一種。戒名、法名も商品ではない。このように宗教行為を商品化することに疑問と失望を禁じ得ない」とのこと。

だが、「戒名料はいくら」「院号居士ならいくら」と、びっくりするくらいの金額を呈示してきたのは寺そのものであったことを、忘れてはならない。「お布施（金品を寺などに供する行為）」は慈悲の心をもって云々…といわれても、在家（一般市民）が、納得する訳がないではないか。

こんな相談を受けることがある。父が亡くなったので菩提寺に葬儀をお願いした。すると住職から「あなたの先祖は寺によくつとめてくれました。戒名料を含め、お布施は５００万円としてください」と言われたそうだ。相談者曰く「一般社会常識では、先祖が寺に貢献したというのなら、『お布施はお気持ちでいいですよ』が常識だろうと思うがどうだろうか」というのだ。私はまったくその通りと答えたが、相談者は母親の意向に従い、泣く泣く要求を呑んだ。

他の一人は、無宗教葬を望んでいて読経は不要と伝えたところ、葬儀をしなければ境内墓地に納骨させないといわれ、要求額の半分程度で折り合ったそうだ。ちなみに境内墓地は、檀家であることが墓地使用の条件であるというのが一般的な考え方である。

戒名については60年も昔の小僧時代の教えを思い起こす。師匠は戒名をつける心構えとして、布施の如何《いかん》にかかわらず、先祖の戒名とのバランスを考えていた。院号居士などがついていれば、先代、先々代はお大師さん（弘法大師・空海上人）に対する深い信心とその寺にそれなりの貢献があったと考え、寺としてはその信心の深さに思いを馳せ、それなりの戒名をつけなければならない。私の宗教観、戒名観は、かつての師匠の教えによるものだ。

坊さんにふさわしくない者たちが、法衣をまとって宗教家然としている現実を、仏教界あげて総懺悔《そうざんげ》することが求められているのではないか。

2－⑫

## 通夜振る舞いはどうしますか？

「通夜振る舞い」というのはご存知と思う。通夜（通常火葬前日の夜）、死者を偲んで一般的には僧侶や神官など聖職者を招き、読経・祝詞《のりと》などを奏上し、関係者が集い、宗教儀礼終了後に飲食のおもてなしをすることである。

本来、通夜は夜伽《よとぎ》といい、亡くなった日の夜は一晩中眠らずに灯明（ロウソク）、線香の灯を絶やすことなく死者とともに過ごす習俗であった。

これを行うためには参集者の食事が必要になり、飲食をし、死者の思い出を語り合い、死者をいとおしみ、残された人々の悲しみや悲嘆をやわらげる、いわゆるグリーフケアの機能を果たしていた。それが葬儀の商業化とともに、葬儀業者が飲食業者とタイアップして飲食物を供し、東京などでは読経など宗教儀礼の最中に隣室に席をしつらえ、飲めや食えやの宴を張っている様を見かける。

現代版通夜を全否定するつもりはない。メリットもある。死者と放射状に結ばれていた人と人との縁が、通夜の宴席で円環関係に生まれ変わることは珍しくない。

親戚、幼少の頃から小中高大学などでの学友、社会人として会社の仲間、その他生涯で様々な出会いによる縁を結び、助け、助けられて生きてきた他人同士が通夜の宴に集い、死者の人柄や功労等についての新しい発見があることも多い。「通夜」は、死者をキーマンとした「新たな縁づくり」の場と私は位置づけ、評価している。

「通夜振る舞いはどうしますか?」というテーマは、「自分の死を通じて、新しい人と人との縁づくりの場を提供しますか?」という意味でもある。

2－⑬

# お香典はいただきますか？

３年前に17回忌を終えた、私の母の死に際してのことである。

祖母が亡くなったのは敗戦後の物も金もない時代。大分県の三重町という農村地帯に住んでいた頃のことでもあり「香典で葬儀が出せた」、そんな時代のこと。葬儀のときは大変ありがたかった香典だが、その〝債務〟を負った母は、自分が亡くなる数年前までそのお返しに気を配り続けていた。

母はその当時から親しくさせていただいていた村人と常に連絡を取り「どこどこのおばあちゃんが亡くなったよ」と一報を受けると、２００～３００倍、つまり祖母の亡くなった当時に10円をいただいていた先には３０００円、30円なら５０００円、50円なら１００００円…といった母なりの物差しで、丁寧なお悔み状に添えて香典を現金書留でお送りしていた。

そして母は、亡くなる少し前、「やっと香典のお返しが終わった」とボロボロになった香典帖を焚火にくべて、胸をなで下ろしていた。

そんな母を身近に見ていながら、母の葬儀では「香典をお断りしなかった」。弁解がましいが、母が亡くなったのは、私が生死の境をさまよう大ケガをした直後のことであった。私は療養の身で葬儀の終わりまで参列できない状態で、周囲の意見に従わざるを得なかったのが無念であった。というものの、「貧乏はオハコ」の私にとってケガがまだ回復しないときの、葬儀に対し数百万円の香典はありがたかった。しかしこの借金は私だけでなく、2人の子どもたちにも重荷となる。

そもそも香典は、日本中が貧しかった時代、葬儀という一時的な大きな出費に対する助け合い、相互扶助のシステムで、「葬式頼母子《たのもし》講」のようなものだ。土着の地域生活共同体を前提として成り立っていた仕組みゆえ、共同体の崩壊とともに香典文化も終焉を迎えることとなる。とはいえ、長年の習慣のなごりは、一気に消滅という訳にもいかないのか、ときどき新聞の投書欄などに「高齢者は香典破産の憂き目にあっている」といった悩みが報じられる。

某新聞社の記者が「高齢者の香典貧乏特集」の企画を社内で提案したところ、あえなくつぶされたという話を聞いた。なぜって？　その記者は「香典という『収入』を目当てにしたビジネスを営む企業が、新聞社の有力スポンサーであることが原因ではないだろうか」と、泣き言を言っていた。近い将来、香典文化は消滅するだろう。さすれば葬儀を巡る消費者問題もなくなるかもしれない。

昨今、葬儀のシンプル化傾向もあり、香典はいただかないとする方も多い。りすシステムで生前契約をされる方も、「香典不要」とされる方が圧倒的だ。

## 2－⑭

# 生前契約での「金の使いどころ」

生前契約システムの立ち上げから間もないころのこと。「生前契約って安い葬儀を勧めるところですか?」と聞かれることがしばしばあったが、それは大きな誤解だ。

自分の葬儀を自分で決めるとなれば、「恥も外聞も見栄も」気にせず、本当に必要なことだけを選択するので、結果として安価な葬儀プランに落ち着くことが多いが、私たちは「もっと安く」「こちらが安いから」といった基準ではなく、自分自身の人生の手じまいには何が必要で何が不要かということについて、利用者が自分の物差しで判断し、その判断に従って企画を進めている。

生前契約は決して「ケチケチ葬」を推奨している訳ではない。例えば柩でも、数万円のもので機能としては十分なのだが、「あの世への旅支度には、(40万円もする) ひばりちゃんと同じ柩を…」と希望されるケースもある。

また、「仲良しだった無二の親友、自分が悩みに悩んで、死ぬことまで考えた時に勇気をくれた友など8名を招いて、帝国ホテル内の吉兆で、一人5万円ほどの予算でお礼の宴（おみやげ付き）を催してほしい」と希望される契約者もいる。
「金は必要なところへは使う」、これが生前契約葬の真骨頂である。

2－⑮

## お墓の用意は？

「お墓はご用意されていますか？」との問いに、半数以上は「用意済み」と答える。これから求めるという方に対しては、お墓探しのお手伝いをすることになる。

お墓は一戸建ての個人墓のほか、合葬墓という選択肢もあるが、いずれにしても生前契約では、受託の前提として、何らかの形でお墓をご用意いただくことにしている。当然のことだが、火葬後のお骨の行き先を決めておかなければ死後事務は立ち往生する。それでは困ってしまう。

「人生の手じまいを自己責任で」という市民運動は、1980年代後半頃から、「子どもがいなければお墓を使わせてもらえないのは不条理」という女性たちの声から始まった。

葬儀（法律上は「火葬・埋葬」という）をする人がいないときは、行旅病者・行旅死者の取扱いに関する法律（正式名称は、「行旅病人及行旅死亡人取扱法」）及び「墓地、埋葬等に関する法律」によって、死亡地の市（区町村）長がこれを行うという規定があるので、何とかなる。

しかし、火葬後のお骨については特別の規定がないので、一定期間しかるべき場所に保管し、お骨を引き取る者が現れなければ「無縁墓地」に葬ることになる。

無縁は嫌だと考えるか否かで選択が分かれるが、「とにもかくにもお墓だけは」という多くの国民の思い、それに便乗するかの如く墓周辺ビジネスの業者が「寿陵《じゅりょう》」すなわち生前にお墓を作る効用を宣伝し、多くの消費者が墓の取得に奔走した時期がある。

しかしそうした流行の中で、老いが進み、自動車の運転がままならなくなってから、自分が大枚はたいて取得した郊外の墓を訪れることができるか否かは、一顧だにされることはなかった。自ら建てた墓に入ることなく、「墓じまい」しなければならないのも皮肉な話である。

2－⑯

# 散骨ってできるの？

散骨ということばを近年よく聞くようになった。

「散骨」を広辞苑で引くと「死者の遺骨を粉にして海や山へまく葬法」とある。

「散骨」が広辞苑に収載されたのは平成10年第5版からで、平成3年第4版にはない。

「散骨」ということばや事実行為が社会的に認知されたのは、平成3年に設立された「葬送の自由をすすめる会」の活動によるところが大きい。

本題の「散骨ができるのか、できないのか」という問いに対する回答としては、『日本国内ではできるところもあるし、できないところもあるので、散骨をしようとする人は、散骨をしようとしている地の市区町村役場に問い合わせること』である。

なぜ市区町村役場かといえば、散骨に関係ありそうな「墓地、埋葬等に関する法律」による許認可権を持っているのが、市区町村長だからである。

2－⑰

# この死にザマ、あっぱれ！

平成15年、私が毎日新聞で連載したコラム「人生締めくくり――自分らしい最期」の第1回で、孤独死について書いた。

85歳の一人暮らしのおばが、自宅の浴槽で死後数日を経て「死体」で発見された。その死に方が「かわいそう」か。必ずしもそうとは限らないのでは、との問いかけをしたのだ。

反響が大きく、当初5～6回の予定であった連載が14回も続いたのは、第1回の反響の大きさ故だろう。

人は必ず死ぬと決められてこの世に生を享けたのだから、死ぬのは仕方がない。問題はその死に方であるが、残念ながら死ぬ時と死に方は選べず、死に方が良かったかどうかは、残された人たちの勝手な論評によるしかない。

死に方の良し悪しの基準は「楽に死ねたか」「苦しんだか」で、楽に死ねたら「よい死」ではないか。

おばのケースは、監察医によれば浴槽の水をまったく飲んでいなかった。つまり、のんびりとした気分でいい湯だなと幸福感に浸っていた矢先、心臓発作により即死したと推定されるとのこと。思わず「おばさん、大往生。この死にザマ、あっぱれ」と叫びたい気分だった。

毎日新聞の読者の声欄に、反響の一つが掲載された。

投書の主、千葉市の布施さんは、「同じ町内に住む82歳の母をいつものように訪ねると、ベッドの上で死んでいた。くも膜下出血。遠くに住む親せきの中には、誰にも看取られず可哀そうと言う者もおり、自分自身これでよかったのかと自責の念に苦しんだこともあったが、松島さんの『おばのこの死にザマ、あっぱれ』の記事を読んで、この言葉は我が母にも向けられたようで、胸をなでおろした」というもので、担当者によると、この種の投書が多かったそうだ。

良い死に方には、もう一つ条件がある。それは、ひとりで死ぬことはよしとして、「死後できるだけ早く発見されること」である。この対策としては、自宅での活動状況を見守ってくれる安否確認サービスの利用が有効だろう。

2－⑱

## 「Ａｉ」の活用で自宅死の死因を明らかに

「Ａｉ」（※）と聞いても、ご存知ない方のほうが多いだろう。大文字で「ＡＩ」と書けば人工知能のことだが、「Ａｉ」のほうは、健康診断などでおなじみのＣＴやＭＲＩで遺体を撮影し、死因を究明する診断システムのことである。りすシステムでは平成26年春にＡｉを導入し、身近な人の死因に納得がいかない遺族のため、死因究明に役立てている。

我が国の法律では、医師や歯科医師に脈をとられて亡くなるか、24時間以内に診察を受けた人が同じ病気で亡くなった場合以外、異状死として扱われ、監察医の死体検案を受け死因を特定することになるが、真の死因が明らかになることのほうが少ない、ということが社会問題となっている。

死体検案は、生前の医療情報を持たない監察医に、身体の表面から検案して死因を特定しろということに無理がある。日本中で最も人材も機材も揃っている東京都監察医務院ですら解剖は少なく、ある日の資料で1ページに20件くらいの記載中、死因として

「扼死《やくし》」（首つり死）が数件あり、その他はすべて「心停止」となっていたそうだ。

首つり死体かどうかは、素人の私でもわかる。それ以外は解剖しなければほとんどわからない。解剖も万能ではないし、解剖の専門医は少なく、予算も限られ、かつ遺族の承諾を得るのも難しい。このような理由で、死因究明のための解剖のハードルは高い。

ちなみに警察庁の統計によれば、異状死遺体総数が約17万3800体（平成24年）であるのに対し、犯罪性のない異状死体の死因究明目的の解剖（行政解剖）数は約1万1200体で、わずか15・5％でしかない。

そこで注目され始めたのがＡｉである。死者の人権擁護は生前契約の基本理念で、死因究明はメインテーマであるから、死因究明に有効な手法の一つであるＡｉを導入した。当然のことながら、Ａｉとて万能ではないが、遺体の表面から肉眼で見るだけよりり、はるかに死因究明率は高くなる。

※　Ａｉ（Autopsy imaging：オートプシー・イメージング）…死亡時画像診断。ＣＴやＭＲＩなどの画像診断機器を用いた新しい死因究明システム。

# 第3章

# 人が死ぬとこんなにたくさんの仕事がある

〈死後事務パート2〉社会的関係、住まいの片づけ、諸手続き

# 健康保険からの葬祭費は葬儀をした者に

3－①

死後事務の一つに健康保険、介護保険の資格喪失届がある。

死亡した場合、葬祭費として健康保険や年金からの給付（埋葬料・埋葬費）があるので資格喪失届と同時に手続きすることになる。葬儀を行った者に支給されるものであるため、火葬料、霊柩搬送費、葬儀業者の領収証を添付し、申請する。金額は保険主体により異なる。

サラリーマン約3600万人が加入している協会けんぽ（以前の政府管掌健保）の場合は、被保険者も家族も同額の一人当たり5万円が葬儀（火葬・埋葬）をした人に支給される。

健康保険組合（大企業等が組合として設立している健保）には約3000万人が加入し、埋葬・葬祭費は一人当たり7万円くらいが多いが、組合ごとに異なる。

国民健康保険は、市町村単位のものが圧倒的に多いが、弁護士、医師、建設業関係の一人親方などの国民健康保険組合の加入者は約300万人、市町村健保には約3500

万人が加入している。葬祭費は保険主体により異なるが、調べてみたところ、東京の千代田区が７万円、りすシステムの支部所在地の福岡、仙台、大阪、名古屋が５万円。広島４万円。札幌３万円。松山、大分２万円であった。

国民健康保険組合では、弁護士組合が７万円、建設業は７～10万円が多い。医師の組合は東京20万円、大阪30万円、愛知50万円と実にまちまちである。

国家公務員、地方公務員の共済組合の加入者は約９００万人で、葬祭費は７万円か７・５万円が多い。

後期高齢者医療制度では、市町村健保にほぼ準じ、１万円～７万円となっている。

3－②

# 見えない家族の存在
## ――死後に振り込まれた年金の行方

キャリアウーマンだった青井笛子さん（仮名）が、ガンのため他界した。財産の相続（始末）については、青井さんが生前から税理士に依頼しており、りすシステムとは直接関係はなかったが、年金の被保険者資格喪失届は生前契約の死後事務の範囲に入っていた。

ある日、手続きをお願いしていた社会保険労務士が、息せききって事務所に駆け込んできた。「死後振り込まれた青木さんの年金が引き出されている」というのだ。

ご承知のように、年金は2か月ごとに銀行口座等に振り込まれる。りすシステムが銀行に死亡届を出す前に、誰かがその年金を引き出していた訳だ。調べたところ、年金を引き出したその人は、ガンを患った彼女を一定の距離を置いて見守っていた人で、彼女からキャッシュカードを託されていた。肩ひじ張って生きていたように見えた彼女にもそんな男性《ひと》がいたのだなと、何だかホッとしたことを覚えている。

3－③

## 電気、水道、ガス等の供給停止通知

電気、水道、ガス等については供給停止手続が必要であるが、一人暮らしのケースでは、死亡後ただちにという訳ではない。主のいなくなった住居では、荷物の片づけや処分などの仕事があり、作業するには各種ライフラインが必要となるため、それらの仕事が一段落してから供給停止手続をする。

新聞、牛乳等は直ちに配達中止の通知をする。公共料金等は後払いなので、料金の支払いが必要となる。ＮＨＫの受信料は年間前払いのケースが多いので、未経過受信料の返還請求をする。

3－④

# 銀行への死亡届は一段落してから

銀行取引の解約は、死後一段落してから行う。電気、ガス、水道等の料金、クレジットカードの利用料金も後払いなので、死後しばらくの間は各種の引き落としがあるからである。

一方で、株の配当、各種前払保険料、ＮＨＫ受信料などの前払い料金については、未経過分の払戻金が預金口座に振り込まれることもある。

ただし、キャッシュカードを持っている者に、勝手にＡＴＭから預金を引き出されてしまうリスクもあるので、キャッシュカード等は速やかに回収しておくことが大切である。

3－⑤

## クレジットカードの契約解除は死後速やかに

死後事務を履行する際には、クレジットカードの契約は速やかに解除することとしている。そうしないと死後のどさくさに紛れ、不正使用されるリスクがある。

まったく無関係の者がカードを盗んで使用した場合は、損害保険等でカード会社が補填してくれるが、身内などの関係者が使用した場合、本人が使用したものとして相続財産から決済されることになり、相続人同士の関係が気まずいものになることもあるのでご用心。

また、葬式泥棒も少なくないので、特に一人暮らしの場合などは、死後速やかに貴重品を回収する必要がある。

たとえ親子であっても、同居していない場合は貴重品がどこにあるのかわかりづらく、家探しが必要になることもある。死亡時に限らず、救急車で搬送され病院に緊急入院したときなども、貴重品の回収を忘れずに行う必要がある。

# 携帯電話、パソコンのデータ消去

携帯電話、スマートフォン、ｉＰａｄ、パソコンなどは、個人情報の宝庫である。これらの機器に内蔵されている情報は、友人・知人等のメールアドレス、メールの内容、さらに画像など、他人にのぞき見られたくないものばかりである。これらの処分（消去）はどうしたらよいか。

現在では生前契約がスタートした四半世紀前とは比べ物にならないほど、死後他人に知られたくない情報がそこかしこに保存されている。

携帯電話等については、電話会社が契約終了手続と同時に情報消去処理を簡単にしてくれる。通信料は原則として後払いなので、通信料の清算も同時に行える。

ｉＰａｄやパソコンは、買ったばかりという場合などは情報消去専門会社があるのでそうしたところに依頼する。少々お金はかかるが、利用可能になったパソコンの価値と消去費用との費用対効果で選択すれば良い。

ただ、こうした情報機器は日進月歩なので、少し前に購入したものでもすぐに時代遅れとなる。したがって、一番簡単で費用もかからない方法は、金槌などで物理的に壊してしまうことだ。

なお、遺品処理業者等が面白半分に遺された画像等の情報を公開してしまうという可能性もなくはない。そこで、家の片づけをする場合、手紙などプライバシー保護が必要なものについては、通常の遺品処理とは別に、機密文書溶解処理等により、絶対に外部に流出しない方法での処理を依頼することもできる。ＣＤやビデオテープ、フィルムなども同様の処理が可能である。

# あなたが亡くなったことを、誰にいつ知らせる？

3－⑦

私が10年ほど住んでいた千葉県東部の地域では、昭和50年代頃まで地域葬での役割に「告げ人《つげびと》」という役があった。文字通り、「お宅のご親戚の○○様、○月○日○時○分に亡くなられました。通夜は○時、葬儀告別式は○時に○○○で執り行います」といった口上を述べて回るのである。

その頃、すでに病院で亡くなる人のほうが多く、親族ご一統様は臨終に立ち会うべく病院に駆けつけ、死亡の事実は先刻ご承知であるが、慣習を変えるのは難しい。電話も今日のように普及していない時代のこと、告げ人はワラジ掛けで知らせに来てくれるので、告げ人を迎える側では、手や足をすすいでもらい、お膳を用意し、お酒をつけるのが習わしだった。

家内《やうち》の者は病院に詰めているので、告げ人のおもてなしのため、近所の人を頼んで準備をするといったことが現実にあった。

いずれにせよ、人の死のセレモニーに際し「お知らせ」は重要な要素だ。

生前契約での告げ方は多様である。案外多いのが、「納骨のときに知らせる」というケース。ほかにも、「火葬などが一通り終わってから」「息を引き取ったらすぐ」「いわゆるご臨終前」などと、様々である。また、「誰に、いつ、お知らせする」といった具合にきめ細かく企画書で決めておくことができる。

アドバイザーが困るのは、「○○さんには絶対に知らせないで、かつ焼香は断ってほしい」といった内容の企画書の取扱いである。一般的な社会常識では、葬儀や通夜の参列をお断りするなど考えられないからである。しかし、生前契約では、常識を無視し、心を鬼にして「死者の意思」を伝えなければならない。

死にゆく人がそこまで頑なに参列を拒否するのは、第三者にはうかがい知ることのできない思いがあったであろうことは想像に難くない。生前契約は死者の人権、つまり「死者の声」を死後忠実に伝えることで成り立っている仕組みであるため、拒否するとされた当人には必ず死者の意思をお伝えするが、実力行使をして参列を拒否することまではしない。

何があったか知るよしもないが、その場に泣き崩れる人、ふてくされるように立ち去る人もいて、人と人との関係の最終決着のつけ方は難しいものである。

3－⑧

## 自分で書く死亡通知？

「何もしない葬儀」は、りすシステムが元祖。昨今では家族葬とかゼロ葬という名のシンプルな葬儀が普及し、元祖としては大歓迎である。

「何もしない」とはいっても、せめて最後の挨拶くらいはと思う人も多い。

米倉正三さん（仮名。80歳）は、企画書づくりのとき、「ワシは大勢の人たちに世話になり、助けられ生きてきた。ひっそりと死んでいく段取りはできたが、最後の挨拶くらいはしないと、いいところに行けんかもしれん。何かいい方法はないか？」とおっしゃる。

担当したアドバイザーが「それでは『私は○月○日に大往生を遂げました』という挨拶状を書いて宛先をお預かりしておけば、死後発送するサービスもありますよ」と応じた。

人の死は突然だ。何月何日に死ねるのかはわからないので、日付はりすシステムで記入する。なお、誕生日や正月には、文面と名簿の加除などの見直しをする。

正三さんの場合、企画書に従い、定例の誕生日見守り訪問に合わせて見直しを行っている。当初２００人ほどだった名簿も年々少なくなり、今年の見直しでは１００名ほどになった。しかし、減るだけではない。主治医の先生、診療や介護でお世話になった人々、昨年から老人ホームで出会ったガールフレンドも一人加わった。

りすシステムの生前契約のモットーは「死を楽しむ」である。不謹慎なようだが、人間には、生まれた時から決められていることがたった一つある。それは、いつかはわからないが「死」は誰にも等しく訪れるということ。それなら「ドンと来い」と受けとめ、あんな死に方、こんな死に方といろいろと空想の翼を広げ、死のつらさ、苦しみも「楽しみ」に変えてしまおうというのである。「死に装束」の選定（2-⑥）もその流れの中にある。これは「死の自己受容」であり、生前契約の基本理念の一つでもある。

## 現代の形見分け考

3－⑨

「形見分け」とは何か。広辞苑（第7版）によると「死者の衣服・所有品などを親族・親友などに分け与えること」とある。

20年ほど昔のことである。大阪の叔母から荷物が届いた。それは、叔父が生前着用していた英国屋誂えの三つ揃いのスーツであった。

早速試着してみたが、どうにもサイズが合わない。叔父も私も外腹《ほかばら》の子で世代違いの同じ境遇のせいか、叔父は私をとても可愛がってくれていた。その叔父の愛用したもの故、何とか身に着けようと努力したが、結局、形見の服を「お焚上げ」に付して結着をつけた。もちろん、叔母には大切に使わせてもらっていると礼を言った。

衣類の形見分けは、着物文化の上に成り立っていた慣習であったのだろう。和服は流行もサイズもあまり厳格に考えなくてもよかったからである。

また形見分け文化は、財産的価値、物を大切に使うということと同時に、あるいはそれ以上に、死に逝く者との親密性の証とし、「世代を超えて自分のことを思い続けてほしい」という形見を残す側の思い、そして、形見の品をもらう側にとっては、「その思いを継承した」という、精神性の上に成り立っていた文化といえる。

ところが、昨今では好むと好まざるとにかかわらず、物は捨てることが美徳となった。親族の数も少なく、まったく存在しないケースも増え、さらに関係性も希薄な時代を迎えている。いずれ「形見分け」なる日本語も死語となるかもしれないが、「形見分け」は生前に実行しておきたいものだ。

# 神棚や仏壇はどうする？

3－⑩

都市部では神棚や仏壇のある家も少なくなったと言われているが、神棚はともかく、仏壇を持ち、先祖供養をしている人はまだ多い。

主亡き後の仏壇の始末をどうするかについて悩む人は多い。多くの日本人にとって、神棚は「神」という抽象的な崇拝対象物として家庭の中核に存在し、礼拝していることが多く、仏壇とは異なる意味合いを持っている。

仏壇は、先祖という遠い血のつながりの人々というより、つい最近まで起居をともにしていた家族の一員が、死ぬことによって形を変えてそこに存在する「場」という意識が強い。また、仏壇については、子孫に恵まれなかった場合、自分限りで遠い先祖から伝わっている精神的な営みが途絶えることに対する贖罪意識ともからみ合い、その処分については複雑なものがある。

りすシステムの生前契約では母体が真言宗の寺ゆえ、「撥遣《はっけん》」という儀軌《ぎき》により位牌や仏壇から魂を抜いて素材としての「物」に戻すという、精神的処理をすることで対応している。コンピュータの世界でいう「初期化」の精神版である。

たまたま私の寺が真言宗の末寺であったため、このような手法を用いているが、この種の問題は当事者の気持ちが初期化できれば、その手法は何でもよい。我が国では、火・水などはケガレを浄めるという習俗があるので、仏壇を燃やす際の儀式として、お酒と塩で浄めることを自身で行うことで、心が初期化されればそれで十分である。

ちなみに、りすシステムの生前契約では、大分県由布市の功徳院境内のお焚上場で、僧侶が撥遣の儀式を行った後、燃やしている。

3－⑪

# 「すべて処分」「使えるものは使って」——死者の意思通りに実行

生前契約のスタートから間もない頃、著名な実業家の未亡人 早瀬美枝さん（仮名）の家の片づけをしていたときのことである。

美枝さんは几帳面で、がんの末期で家もあらまし片づけてあったのだが、鏡台の引出しの装飾品に混じってダイヤモンドの指輪が出てきた。

企画書には「すべて処分」と明確に書いてあった。私も含め、スタッフ一同この指輪の処理に悩んだ。どのくらいの値打ちのものか、鑑定だけでもしてみようという話も出たが、それはしなかった。残置物の値踏みをすることは死者への冒涜であるとの原則論に従ったからだ。

生前契約の原型は委任契約である。死者の意思は、委任者すなわち依頼人の意思として、絶対的効力を保証しているため、死後の「物」の処分に関しても、企画書で「すべて処分」と決めてあればすべて処分しなければならない。「もったいない」と思うこともあるが、「死者の意思」の絶対性を保証しているのが生前契約の基本理念である。

結果として、このダイヤモンドの指輪は廃棄処分とした。

このことがあって以後、生前契約では企画書作りの際、家の片づけについて特別なこだわりがなければ、「使える物は有効利用してほしい」とするようアドバイスすることにしている。「こだわり」とは、自分が生前使っていたり、袖を通していた物を、他人が同じように活用することを気持ち的に良しとしない場合などである。

使える物は有効活用すると決めてあればそれに従う。活用する際の用途などについて、りすシステムは生前のプライバシーや死後の人権を護るという基本理念に即した活用を創意工夫している。死者が遺したすべての物について、その分別や取扱いについては、廃棄物処理事業者等への丸投げを禁じ、アドバイザーが企画書の内容等から生前意思を忖度《そんたく》し、死者の思いに沿った最終処分をしている。

3－⑫

# 日々の暮らしに使っていた物の処分はどうするか

## ――借家の返還は原状回復が必要

「人が亡くなった後、その人が住んでいた家の片づけをどうしよう」こんなことは、つい最近まで問題になることはなかった。おじいちゃん、おばあちゃんが亡くなれば、その部屋は家族の誰かの居室として使った。衣類や宝飾品などは形見分けとして近親者が活用し、家財道具などは引き続き家族が用いることで循環活用したものである。

だが、「老老」「老のみ」世帯は急増中である。「老老」の場合は、二人のときは自立して暮らせるが、一人になると子どもに引き取られたり、高齢者施設に入所したりで空き家になる。「老のみ」で死亡した場合は、ただちに空き家になり、家の中にあるすべての物を始末せねばならない。

借りていた家を返す際は、家の中にある物はすべて撤去し、元通りにして返還するのは当たり前。法律も借家契約もそうなっている。住んでいた人が亡くなった場合、元通りにするのは誰か。これが今、社会問題になっている。

「日本住宅公団法」による公団住宅ができ始めたのが昭和30年代。当時の若者の羨望の的であった公団住宅は、引っ越すときは「釘穴一つの補修費はいくら、傷つけたり汚したりすれば、その修理代いくら」と計算し、原状回復費用は敷金から差し引かれるというので、釘は打たなかった（鉄筋コンクリート造りで壁に釘など打てなかったのだが…）。こうして、大切に使わなければお金がかかるという、借家の原状回復義務が国民の間に広く周知されていた。

住んでいた人が亡くなり、空き家になれば、暮らしに必要であった物をまず片づけ、搬出しなければならない。昔なら（いつ頃の昔かはともかく）道具屋さんを呼んで金目の物を引き取ってもらい、ガラクタ処分費用を差し引いてお釣りが来たのだが。今のご時世、そうはいかない。

生前契約では、企画書で「すべて処分」と決めてあれば忠実に処分をするので、家の中には一切物はなくなる。その後、大家さんや管理人に立ち会ってもらい、自分で吊った棚など余分な物が残ってないか、障子・襖など本来備えつけてあったが借家人の趣向により取り外していないか、釘穴やキズなどがないか等を点検する。こうして賃貸借契約による費用負担を清算し、返還事務が完了する。

3－⑬

## 冷蔵庫の中身、生ごみの始末はどうするか

人の死は、いついかなる場合も突然である。

救急車で病院に担ぎ込まれ、手当ての甲斐なく不帰の人となった…、よくあるケースだ。

火の始末、戸締り、生ごみの処理などは、家人がいなくても救急車を呼んでくれた人がしてくれることが多い。救急車を呼ぶこと、戸締りや火の始末をすることなどは、法律的にも民法第６９７条の事務管理という規定で正当性が認められるであろう。

では、冷蔵庫の中身はどうなるか。時間の経過とともに腐敗する、消費期限が切れて財産価値を減じるなど、長期間放置すると様々な問題が起こる。しかし、冷蔵庫の中身の整理は、火の始末などと同じく「おせっかいの法律」（民法第６９７～７０２条）とも呼ばれる事務管理の範疇《はんちゅう》で対処するには少々無理があるのではないか。

そこで生前契約があれば、冷蔵庫の整理はお家の片づけメニューに入っているので、死亡もしくは入院等で長期間部屋を空ける場合を含め、適切な処理ができる。

## ペットの行く末はどうする？

３－⑭

今日の社会で、ペットは人間以上の扱いを受けていることが多い。ペットとして飼われている犬は９８７万匹、猫は９８４万匹に達し、子ども（15歳未満）の数は１５７１万人（平成28年１月の推計）との報道（一般社団法人ペットフード協会・平成29年１月）に接し、唖然とした。

生前契約の企画書づくりでは、ペットの扱いは最重要テーマのひとつである。傍目《はため》に賢いと思うのは、「自分より長生きしそうなペットは飼わない」という選択である。当たり前といえば当たり前だが、最近そんな人が増えている。

「私が死んだらこの子（小鳥）をもらってくれる人に１０００万円さしあげる」との公正証書遺言を書いた人もいた。可愛がってくれるかどうかわからないし、生前契約にチェック機能があるからといって、小鳥の可愛がり方についてのチェックは難しい。

「困ったなぁ…」スタッフ間での難題のひとつであった。

その後、この遺言を書いた明子さん（仮名）が１００歳を迎える少し前に、小鳥ちゃんが大往生した。明子さんもそれから間もなく亡くなった。順番が逆にならなくてよかったと、ホッと胸をなで下ろした。

こんな事例もある。

当時都内にお住いの大田春子さん（仮名）の企画書づくりのプロセスで、「ペットはどうする」というところになると「かかりつけの獣医さんが引き取ってくれる」ときっぱりおっしゃるので、獣医さんに確認をとることもなく企画書を完成させた。

それから数年後、ペットの犬を遺して春子さんは亡くなった。ペットは生き物だから、葬儀と並行して獣医さんに引取りをお願いに行くと、「そんな約束してないし、うちでもたくさんのペットを預かって困っている」とおっしゃる。

アドバイザーも「何とか…」と粘ってみるが埒があかない。獣医さんも、春子さんは上得意さんだったし「先生、私が死んだらこの子を引き取ってくださる？」と言われて「えぇ…まぁー」くらいの返事をしたのかもしれないが、「きっちりとした約束はしていないし、うちではどうにもならんので、そちらで何とかしてほしい」と泣きつかれて、引き下がらざるを得なかった。

今日ほどインターネットが発達していない時代だったが、八方手を尽くして引き取ってくれる団体を見つけ、相当の経費をつけてお願いした。もちろん、当初の予算を大幅にオーバーしたが、多めの予備費を計上してあったので何とか一件落着した。

人間の作った法律では、権利能力を有するのは生きている人間か法人のみであるが、仮にペット側の視点に立てば、本来自然界でそれぞれの生存権を行使し生存している「命」を人間の勝手で自由を奪い、飼い殺しにしていることこそが、「人権」ならぬ「動物権」の侵害ではないかと思っている。

ＡＩロボットの○○くんや△△ちゃんが、生き物であるペットの座を奪い取る日もそう遠くないのでは…。

3－⑮

# お家《うち》の片づけは誰がする？
## ――遺品整理業なるビジネスが出現

毎日新聞の遺品整理トラブルを扱った記事（平成25年11月19日付）で、専門家の「形見や遺書など遺族が手元に残したいものを探し出し、的確に仕分けることが大切」というコメントや、読売新聞（平成25年5月19日付）では、遺品整理業者の「遺品からは亡くなった人の暮らしぶりが見えてくる」といったコメントがあったが、これらのコメントは、生前契約の「家探しをしない」という立場とは相いれない。

生前契約では次のルールを定めている。

1. 居住していた場所にある物は、「すべて捨てる」と企画書に書いてあれば、どんな高価なものでも捨てる。
2. 生前契約は死者の人権擁護を基本理念としているため、死者のプライバシーを侵害するような遺品の取扱いをしないことを厳格に実行する。特に女性の場合、下着類などの処理は女性アドバイザーが黒色（不透明）のごみ袋に詰めるなどの取扱いをする。

３．家探しをしない。

仮に、余命半年と医師から宣告されていたとしても、人の死は突然訪れるもので、「未完」が常である。未完の人生の足跡をあれこれ詮索されることを好む人はいないとの前提で、生前契約は家探しをしないことを鉄則にしている。

なぜこのような取扱いをルールとしているかといえば、遺品整理業に明確なルールがないため、誰も何が正しくどれが間違いと断じる根拠を持たないからである。遺品整理業に対するルール作りと、それに基づいた規制の法制化が必要である。

生前契約における家の片づけの「発注者」は死者である。死後、相続人などの関係者が遺品整理業者に片づけを発注する場合の取扱いとは基本的に異なる。死後、関係者が片づける場合の発注は「死者の思い」にほとんど配慮することなく、発注者の都合が優先されることはやむを得ない。

残置有価物は、民法第８９６条（※）の規定により法定相続人の共有財産となるが、遺品整理業者が仕事を受注する際には、誰が相続人であるか判明していないのが常である。したがって、整理業者にとって、発注者（片づけ業務に対する料金を支払ってくれる者）が残置有価物の所有権者であるとする取扱いが現実的対応であろう。

そこで、片づけ・処分業務受注契約に際し、所有権者はだれか、どの範囲の残置有価物を返還するのか、また、すべてを整理業者に譲渡するのかなどの取決めが必要であると考えるが、実態は、残置有価物は整理業者、もっといえばその作業者の役得にしてしまうという取扱いがされていると聞く。

今後、死後のみならず、個人の居宅から老人ホーム等の施設への転居等、「住んでいた場」の整理を業とする者に託すケースは増加し、「整理業」は成長産業となるだろう。それ故、ルール作りとルールに基づく業者規制が必要となる。

産経新聞（平成26年10月12日付）の記事によれば、この種の業者は全国に約９０００社もあるという。早急に法的規制などの措置を講ずることが必要である。また、現在、法的規制のない葬儀業のライセンス化と併せて、遺品整理業のライセンス化が望まれる。

※　民法第８９６条（相続の一般的効力）…相続人は、相続開始の時から、被相続人の財産に属した一切の権利義務を承継する。ただし、被相続人の一身に専属したものは、この限りでない。

# 第4章

# 「家族力」の減退を支える

〈生前事務〉の内容

4－①

# 他人の「身元引受保証人」

我が国の社会は、長い間「家族」をユニットとして成立し、機能してきた。しかし、その「家族力」が著しく減退。そこでりすシステムは契約家族として生前事務を受任し、身元引受保証を含む生活・療養看護の事務を履行している。

最近、高齢者施設等から「施設入居の保証人を引き受けてもらえないか」との引き合いが多くなった。新規入居のケース以外にこんなこともある。都内の有料老人ホームに入居している岡田恒子さん（仮名）のケースはこうだ。

恒子さんは東北地方の農家の長女として生を享け、地元の看護師養成学校を終えた後、50年もの間、医療の世界で活躍し、70歳を過ぎた頃、今のホームに入居。良縁に恵まれず子どもがないので、ホーム入居の際の保証人を実家の跡を継いでいる弟に頼んだ。

入居から10年余、恒子さんは80歳を過ぎ、弟も80歳近くになる。

医療現場で長年働き養生も良かったのか、現役のときは入院や手術とは縁がなかったが、最近の検査結果から、入院し手術を受けることになり、ホームの担当者が保証人である弟さんに連絡をとったところ、弟は認知症気味で、入院・手術の保証人は無理なことがわかった。

そこでホームの担当者から、ホームの保証人、さらに入院保証を引き受けてもらえないかとの問合せがあり、早速、生前契約アドバイザーが説明のためホームを訪問した。

その後、公正証書の作成までを超特急で進めた。ホームの保証人の変更手続、入院保証、ドクターからの手術に関する説明の立会い、手術の同意書の署名等々を終え、恒子さんは安心して手術に臨んだ。病状もあまり進んでおらず、手術は成功、退院後は元のホームで従来通りの暮しを続けている。

このホームでは恒子さんの一件があってから、保証人の点検作業を進めた結果、なかには既に保証人が死亡していたり、入居当時と異なり関係性が悪くなったため保証人を降りる、というケースもあった。ホームでは、身内で適当な保証人がいない場合、りすシステムが紹介され、保証人変更の手続きを進めることになった。

都内の公営住宅に住む松川健次さん・好子さん夫妻（仮名）のケース。

健康診断で健次さんに病気が見つかり、入院手術を受けることになった。入院手続に際し、配偶者以外の保証人が必要と告げられ、妻の好子さんは困惑した。若い頃なら相手の名前を書いて同じ認印を押せば通用していたが、後期高齢者ともなれば長年連れ添った相棒に対する保証能力もなくなるのか…、と淋しい思いもある。

子どものいない松川さん夫妻は、茶色に変色するほど昔の、りすシステムが紹介された新聞記事を大切にしており、それを見ての問合せであった。ご夫妻で説明会に参加し、急ぎ公正証書作成まで進め、入院保証、手術承諾書に妻の好子さんと連名でりすシステムも署名した。

このように家族がいても、高齢などの理由で「保証人」としての役割が果たせないという時代が到来している。

4－②

# 他人や法人が老人ホームの身元引受保証人になれるのか？

業界の大手といわれるいくつかの有料老人ホームの入居契約書には、「身元引受人」「連帯保証人」「保証人」等々の名称で、入居者のホームに対する責務や債務、身柄の引取り責任を負う役割の者に関する規定がある。共通している身元引受保証人等の責務がいくつかある。

- 入居者と「連帯」し、金銭的保証のみならずホームにおける生活全般についての責任を負うこと。つまり、民法の規定での連帯保証（民法第４５４条、第４５８条）又は連帯債務（民法第４３２条、第４４５条）の性格を持つものであると考えられる。
- 入居者の判断能力の低下・喪失等により、行為能力が制限されるに至った際、保証人等は入居者が継続して入居するために、当該契約における債権債務のすべてを承継すること

・入居者が死亡した場合、及び何らかの理由により入居契約が終了した場合も含め、保証人等は入居者の身柄を引き取ること
・入居者が規律を乱し、他人に迷惑をかける行動などで入居の継続が困難とホームが認めた場合、身柄の引取りを含む対処をすること
・入居者が病気その他で治療・入院が必要となった場合等、ホームの入居者に対するサービス提供に協力すること。入院・手術の保証等と明確に記載されているケースは少ないが、当然それを含むと解される。
・退去の際、入居者の残置物を処分し、居室を原状回復の上返還すること
・ホームからの返還金の受取人を定めること
・家庭裁判所から後見開始、保佐開始、補助開始もしくは任意後見監督人選任の審判があったときのホームへの通知義務

このように整理してみると、身元引受保証人は入居者に対する扶養義務を有する家族や親族の役割を担うことがわかる。

したがって、今日でも入居の際の身元引受保証人については親族主義を固持している

施設もある。特徴的なのは、地方自治体経営の施設が多いことである。また、大手生命保険会社の子会社が経営している中にも、頑として親族以外の保証人を認めない施設がある。

今日でこそ、このような物言いができるが、りすシステムの生前契約が始まったばかりの20年前には、ほとんどの施設で、他人ましてや法人保証などとんでもないことであった。

その固い扉を開いてくれたのは、北関東の県庁所在地にある市立軽費老人ホームであった。都内で長年、臨床検査技師として活躍していた神田正二さん（仮名）から、老後を過ごしたいと思っていた故郷の老人ホームへ入居を決めたので、りすシステムに入居保証をしてほしいとの申出があった。

そのホームでも最初は、「決まりによって、保証人は近い親族以外認められない」との回答であった。そこで遠路はるばる、某市にりすシステムのスタッフが足を運び、生前契約のこと、神田さんには身寄りがないことを切々と訴えた。

その時の施設長は女性で、こちらの事情を理解し受けとめ、市役所の上層部を説得し、他人しかも法人による市立の老人ホームにおける入居保証が実現した。

20年経った今日に至るも、当時の情景が目に浮かぶ。りすシステムのベテランアドバイザー2名の努力が、ホーム等の保証人のあり方を大きく変えた事例である。あの時の施設長が有能な女性でなければ、法人保証第1号は実現しなかったと私は信じている。

他人が保証人ではなぜダメなのか。それは死後の始末をどうするかが最大のネックとなるからである。施設長の最終決断の理由は、生前契約受託者であるりすシステムが本人との契約や遺言により、喪主をつとめ死後必要な事務を行う祭祀主宰者の指定を受けていることであった。

生前契約は「契約による家族機能のアウトソーシング化」である。家族間の相互扶助に契約はいらないが、他人に委託するには、それぞれについて契約が必要となる。

りすシステムは、公正証書による「死後事務委任契約」「生前事務委任契約」、法律による「任意後見契約」の締結に加えて、「医療上の判断に関する事前意思表示書」「後見ノート」「遺骸の処理に関する意思表示書」という契約を実行する際に必要となる事前の意思表示を受けていることで、家族と同じ、否、場合によっては家族以上のサポートが可能となる仕組みを構築してあるからこそ、他人として、法人として保証人になることが可能なのである。

# 老人ホーム入居に伴う身元引受保証の法的根拠は？

4－③

そのものずばりの法律はない。

入居者とホーム間の権利義務の関係はほとんど同じだが、入居に係わる契約書のタイトルが多種であるのも、依拠すべき法律がないためかもしれない。

我が国の法体系は契約自由の原則により、犯罪を構成するなど違法行為となるもの、公序良俗に反する内容の契約以外は、当事者間で意思の合致があればどんな契約でも有効である。

私は、老人ホーム入居契約で必要とされる入居保証は、老人ホームを債権者、入居者ならびに保証人を連帯債務者とする契約に近いと考える。

それは、入居者が死亡した場合には遺体の引取り義務が発生するので、入居者は保証人であるりすシステムを祭祀主宰者（民法第８９７条）（※）に指定し、死後事務委任契約を締結しているため、遺体の引取りなどが確実に履行されるからである。

他方、入居契約による入居者は、多くの場合、老人ホーム等の「終身利用権」を有する債権者であることを忘れてはならない。したがって、入居者に対する身元引受保証人の最大の役割は、ホーム等の終身利用権等に基づく入居者へのサービス提供が、契約通り適切に行われているか否かのチェック、つまり入居者の人権を護り、QOL（quality of life：生活の質）の確保をすることである。このことに関し、老人ホーム側、そして連帯債務者である身元引受保証人の認識が不十分であることが多い。

家族等が保証人の場合は、「クレームをつけると、（親などの）入居者がスタッフからつらく当たられるのではないか。だったら少々のことは我慢しよう」という忖度が働くことは避け難い現実である。

その点、専門性が高い法人が保証人である場合は、ホームの評判を落とすことがあっては大変と、ホーム経営者は保証人の意見や注意喚起を真摯に受け止めることが多い。りすシステム等の法人が保証人であれば、ホームの対応がひどい場合は、法的手段に訴えてでも入居者を護る。

一般的な常識では、「保証人」とか「連帯債務者」というと、ホームに対する債務や責任を一方的に背負わなければならないと考えることが多いが、そうではない。かつて有料老人ホームについて、こんな話を聞いたことがある。身寄りのない人に対するサービスとして「保証人がいなければ数百万円の保証金を支払ってくだされば結構です。お墓も施設内にありますので、死んだ後も安心です」というのだ。

一見良いようだが、これには大きな落とし穴があることに気づかねばならない。居住型の施設は閉鎖的で、心身が弱ってくると外部との連絡は取れなくなり、完全に孤立する。そんな環境で人権やＱＯＬが護れるか否か…。

※　第８９７条（祭祀に関する権利の承継）　系譜、祭具及び墳墓の所有権は、前条の規定にかかわらず、慣習に従って祖先の祭祀を主宰すべき者が承継する。ただし、被相続人の指定に従って祖先の祭祀を主宰すべき者があるときは、その者が承継する。

２　前項本文の場合において慣習が明らかでないときは、同項の権利を承継すべき者は、家庭裁判所が定める。

## 命と人権を守る「医療上の判断に関する事前意思表示書」

4－④

地球より重いあなたの「いのち」にかかわることを、身元引受保証人に白紙委任してはいけない。それが生前契約の基本理念である。

医療上の判断に関する事前意思表示書は、本人が正常な判断ができない病状にあるとき、医療者に対して治療に関する本人の意思を伝えるために作成しておくものである。

インターネットで「身元引受」や「身元保証」のキーワードを入れると、これらのサービスを提供している業者が数多くヒットする。

りすシステムが、四半世紀かけて社会的認知を得る努力を続け、やっと多くの高齢者施設で他人である法人の保証人が受け入れられるようになってきたと思ったら、いつのまにかビジネスに活用され、多数の業者が参入している様を見ると複雑な思いである。

どの業者がよいとか、どの組織なら大丈夫そうかなど、まったくわからないのであえて論評は差し控えるが、例えば、入院保証などについて「白紙委任」をさせるようなところは要注意である。

老人ホーム等へ入居する際の保証人に期待される重要な役割は、危急時における医療上の判断の代理業務といってよい。

老人ホーム側は、死後の遺体引取り等を重要視するケースも多いが、極論すれば死後は何とでもなる。施設内で死亡し、誰も遺体を引き取る者がいない場合は、死亡地の市区町村役場に一報すれば対応してくれる。その根拠は、墓地、埋葬等に関する法律第９条「死体の埋葬又は火葬を行う者がいないとき又は判明しないときは、死亡地の市町村長が、これを行わなければならない」との規定である。

しかし、治療に関して判断をする者がいなければ、手術をしてもらえないことすらある。

判断してくれと頼まれても、例えば本人が延命治療はしたくないと考えているのか、どんなにお金をかけても一日でも命を長らえるような治療を望んでいるのか、正常な判断ができるときに決めておかなければ、どうしようもない。

こうした重要な点をきちんと形にせず、ビジネスとして保証人を引き受けるようなところは要注意である。

## 医療を受けるときの保証と同意

4－⑤

病院に救急車で運び込まれ入院治療を受けるときは、受け入れた病院の判断と責任で手術も治療もしてもらえる。しかし、再手術を行う場合や、急性期医療が終わり一般病院へ転院、あるいはリハビリ専門病院へ入院する場合には、身元引受保証人が必要になる。

もちろん、健康診断で手術が必要な病気と診断された場合などは、身元引受保証人や手術の同意書に署名する人がいなければ、手術をしてもらえないこともある。

最近よく耳にする「インフォームド・コンセント」とは、医療上の処置等に先立ち、症状や手術の必要性やその方法などの治療内容について、患者が医師から説明を受ける権利である。

医師から得た医療情報を、患者は十分理解した上で、手術や治療の方法について選択して同意する必要がある。この同意がなければ医師は手術ができない。身元引受保証人に求められるのは、医師の説明を理解し、「可か、不可か」の判断ができる能力である。

4－⑥

# シニア世代の転職は身元引受保証人に困る

学校を卒業して就職するときは親や兄弟姉妹などが健在で、保証人の心配はほとんどない。

しかし、非正規労働者が2000万人を超え、被雇用者（役員を除く）のおよそ38％を占める（総務省、労働力調査［平成29年12月分］）という雇用環境下で、新たに職を得て就職・転職する際には、身元引受保証人の必要性が問題となる。

中高年になると、親はいても高齢で保証人としての適格性を欠き、保証人が見つからないために就職をあきらめる者さえ出る始末。中高年者を雇用するに当たっては、病などで突然倒れた際の対応として、どうしても身元引受人が必要になる。

雇用契約における身元引受保証については、昭和8年制定の「身元保証に関する法律」が現在も効力を有している。わずか6条の法律で、第1条は、保証の有効期間を通常の雇用契約の場合は3年、見習い雇用の場合は5年とし、第2条で、契約更新は可能であるが最長5年を超えることはできないとしている。第3条は、被雇用者がその業務に不適任や不誠実なことがあるとき、あるいは仕事の内容や勤務地を変更し、責任の重い仕事に就かせたため身元保証人の監督が困難なときなどにおける身元保証人への通知義務を雇用主に課した。第4条、第5条は、損害賠償訴訟については当然ながら裁判所は一切の事情を斟酌することとしている。第6条はこの法律の規定に反し、身元保証人に不利益なものはすべて無効にするという内容である。

この法律は身元保証人に過度の負担をかけないための規制法で、現実問題として身元保証契約の最長期間が5年ということも一般的には周知されておらず、この種の契約が更新されたことを耳にすることもほとんどない。

りすシステムの生前契約が始まって間もない頃のことである。

関西の大学で教授として勤めておられる方から、転職をしたいので身元保証をしてほしいとの申し出があり、ちょっと驚いたが、雇用の流動化の結果、今日では日常茶飯事になっている。

4－⑦

# 高齢者が住宅を借りるときの保証人

平成25年の国の調査で、住宅は820万戸も余っている（「平成25年住宅・土地統計調査（速報集計）」総務省）。それでも高齢者が住宅を借りることは難しい。

家主の貸し渋りの理由は様々だが、最も恐れるのが貸家・貸室での入居者の死亡、特に死後直ちに発見されなかった場合である。

ご存知の方も多いだろうが、不動産取引を免許事業者が仲介する際、業者には、ユーザーに対し「重要事項説明書」という書面により、その物件の詳細を説明する義務が課されている。その説明内容に、その物件で自殺や孤独死があった事実等も含まれている。前の住人が自殺や孤独死したという住まいは、一般的に「瑕疵《かし》物件」あるいは「事故物件」と呼ばれ、ユーザーから敬遠されるため、価値が下がり、空家・空室になりやすい。

自殺や孤独死などといった究極の状況には至らないまでも、高齢になれば注意力の衰えもあり、火災の心配、急な病や室内でのケガなど、一身上のトラブルが起こりやすくなるのは当たり前ともいえる。

人は誰でも平等に年齢を重ねていくのは事実。今後、我が国の高齢者人口が年を追うごとに増加するのも事実。これからは高齢者を敬遠していては貸家経営が成り立たないことも承知の上。それでも、大家さんが、叶《かな》うことなら自分の店子《たなこ》には所帯持ち、あるいはできるだけ若い人を、と望むのも止むを得ない。

そこで、大家さんは次善の選択として、頼りになる身元引受人のある店子を望むことになる。

老人ホームの場合とは異なり、建物賃貸借契約書に「身元引受人」とは表記されていない。大家さんとしては、家賃の不払いを保証してもらうのは当然として、債務保証については敷金・保証金等を多めに預かっておけば何とかなる。しかし、それよりも大家さんが望むものは、借主の一身上のトラブルを迅速かつ合理的に解決してくれる、老人ホームの場合と同じような身元引受保証人である。

生前契約があれば、一身上のトラブルについては対応ができる。しかし、りすシステムはＮＰＯなので、家賃不払いについての保証は安定経営を妨げられるおそれがあり困る。

現状では、りすシステムが家賃の最低3か月分を預かることでリスク回避を図っている。幸い今日まで家賃の不払いを保証人として補填したケースはないが、将来的には、金銭的債務の保証は保証専門機関に委ね、一身上のトラブル等に対する身元引受保証はりすシステムが引き受けるという、保証体制の整備が喫緊の課題となる。

さらに、りすシステムでは大手警備保障会社が提供しているライフサポートサービスを導入することで、緊急時対応と万一死亡した際の早期発見について成果を上げており、賃貸住宅入居の保証を引き受ける条件に、このライフサポートサービスとの組合せを推奨している。

# 海外旅行のときの「留守中の緊急連絡先」をどうするか

4－⑧

ツアー等で海外旅行に行くとき、留守中の緊急連絡先を旅行会社に告知するよう求められる。一人暮らしで、旅行中に万一のことがあった場合の連絡先をどこにするかは、結構悩むものだ。

数年前に亡くなったが、一人暮らしをしていた私の妻の伯母から「保険金、あなたを受取人にしておいたから」と時折電話があった。「海外旅行に行くので連絡先をあなたにしたから」ではなく、「海外旅行傷害保険金の受取人にしておいたから」という言い方が小気味よい。帰国すると「保険金、残念でした」とメモの付いたお土産を送ってきた。こんなやり取りも一人暮らしの高齢者には悪くない。

しかし、そんな気のおけない姪や甥が都合よくいてくれればよいが、世の中そんなにうまくいかないことも多い。

神奈川県に住む山本りんさん（仮名）は80歳を過ぎているが、とても若々しい。若さの秘訣は国内外を旅することと本人はおっしゃる。

そんなりんさんは、数年来海外旅行に行っていない。その理由は、ツアー会社に届けなければならない留守中の緊急連絡先について悩みがあるからだ。

これまでは、すでに亡くなった兄夫婦の跡取りである姪の博子さん（仮名）を連絡先にしていた。しかし最近は、りんさんが旅行することに何となく「イヤミ」を言うようになった。りんさんは、旅行のつど、旅先の名産品など博子さんへの土産を忘れたことは一度もない。にもかかわらず、日本に居るときよりも海外にいることが長く優雅な暮らしをしているりんさんをやっかんでいるらしい。夫がリストラされ暮らし向きもあまりよくないらしい、というのだ。

わずかばかりの財産だが、すべてを姪の博子さんに相続させ、老後もすべて託したいと思っていたが、そんな訳にもいかないことに気づいた。

そんなとき、りすシステムを紹介するテレビ番組を見て、説明会に参加したのである。今では公正証書契約をすべて済ませ、「今度はヨーロッパよ」と、りすシステムの事務局に電話して身元引受の手続きをし、旅程表をファックス。こうして気楽に海外旅行を楽しんでいる。

生前契約の面談の際、りんさんと次のようなやり取りをしたことを憶えている。

「りすさんは私が地球の裏側で事故に遭ったら、遺体を引き取りに来てくれる？」

「もちろん行きますよ。ただし、旅行傷害保険の受取人は、りすシステムにしてください」

りすシステムは契約者のどんな要望にも応えるが、「費用は自分持ち」が大原則となる。

4－⑨

## 入退院のサポート

いざ入院となれば、いろいろと準備が必要となる。着替え、湯のみ茶碗、箸と箸箱、洗面用具…あれやこれやと大変である。病院に着くと手続きが待っている。

まず入院中の治療計画の説明。手術の場合は手術についての詳細な説明。特に手術にはどれくらいのリスクがあるかの説明の後、「全力を尽くしますが」と言われつつリスクを容認し、本人と身元引受保証人の連名で手術の承諾書を提出することになる。

手術当日、病院に到着したアドバイザーは、たわいない話をしながら不安な様子の契約者を落ち着かせる。「家族より、りすさんのほうが仕事としてきちんとやってくれるし、忙しい姪に頼むと気遣いばかりしてしまうから…」などと聞くこともしばしば。

手術時間は様々で、ときには深夜におよぶこともある。アドバイザーにとって最上のよろこびは、手術を終えて手術室から出てくる執刀医の「手術は成功です」の一言を聞く瞬間である。

りすシステムのサービスは原則二人体制で、特に手術の立会は必ず二人で行う。難しい手術で術中に判断を求められる可能性のあるケースでは、一人はアドバイザー、他の一人は保健師など医療の専門家が立ち会う。

術後の治療方針などの説明を聴くのも、アドバイザーが緊張する場面である。特に自宅での一人暮らしの場合、退院後の身の振り方についての対応等が問題となってくる。

療養型の病院、老健（介護老人保健施設）等の介護施設、老人ホームなど、りすシステムの膨大《ぼうだい》な資料の中からあらゆる選択肢を想定し、退院の日に向けて、本人、医療ケースワーカー、地域包括支援センター等と協議し、ベストな選択をする。退院手続き、自宅に戻る場合は自宅での暮らしに必要な準備等々も、すべてりすシステムの各種専門スタッフが担う。

本書をお読みくださっている読者の中には「なぜそこまでできるの？」という感想を持たれる方もいるだろうが、「生前事務委任契約公正証書」と「医療上の判断に関する意思表示書」が水戸の黄門様の「印籠」の役割を果たしてくれるからである。

医療に関する個人情報というプライバシーを、身内でもない生前契約アドバイザーに開示するのは、公正証書契約によってりすシステムに託すという、本人が元気なときの「本人意思」が明確になっているからである。

十数年前、千葉県内のある病院で「何が何でも身内を連れて来い」とおっしゃる医師がいた。確かに、いとこが九州におられるが、80歳を過ぎた高齢者にそう簡単に千葉まで来てもらうことはできない。

私は、公正証書と公証人法の条文を携えて担当医に説明に行った。「公正証書は法務大臣から任命された公務員である公証人が、法律に則って元気なときの本人意思を確認した上で作成した証明力・証拠力のある文書で、このような場合の判断をりすシステムに委ねると書いてある。先生、あなたには一切責任を求めないので患者さんの意思に忠実に治療をしてください」と説得したことを、今では懐かしく思い起こす。

十数年で世の中は大きく変わった。生前契約を根付かせるために奔走してきた当事者として、契約者の皆さんからの信頼、アドバイザーの専門的スキルと献身的な取組みの姿勢が社会を変えつつあることを実感している。

# 老人ホーム探しのお手伝い

4－⑩

何年か前の正月頃のこと。川崎市に住む徳田恵子さん（仮名）から相談があるとの電話を受け、アドバイザーがご自宅を訪問した。

「暮れごろから鍋は焦がす、部屋の中で転ぶ、何より食べ物の味がわからない…そんな状態が続き、一人暮らしに自信がなくなったので施設に入ろうかしら」との相談であった。

介護保険による介護認定が受けられるほどの状態でもない。現在の住まいは公営住宅なのでとりあえず、次のようなメリット・デメリットを説明した上で、サービス付き高齢者向け住宅（サ高住）を勧めた。

**【サ高住のメリット】**

- 入居一時金がかからない。
- 様々な生活スタイルに柔軟に対応できる。

・キッチンがついている場合は自炊可能。
・お酒やたばこも可能な場合がある。
・住み替えをしやすい。
・ケアマネジャーを引き継げる。

【サ高住のデメリット】
・月額の利用料金が複雑になる（サービス支援費、部屋ごとの水道光熱費、食事オプション、その他オプション）。
・重度の認知症の場合、在宅で介護、医療等の対応ができない場合がある。
・あくまでも在宅扱いなので、介護付き有料老人ホームほど手厚い介護を受けられる訳ではない。

多少の資金があり、毎月の費用を賄えるだけの年金があるか、ご本人の資産状況に一歩踏み込んだ上で選択肢を広げて検討することもできる。そんな話をすると、「実は私、専業主婦が長かったので、年金は月10万円ほど。資産はあれやこれやで５０００万くらいはあるのよ」と話してくれた。

手持資金の状況がわかったので、ホーム選びが一歩進む。暮らし向きについて、どんなことに重きを置いているか。例えば、食料品など日常生活に必要な買物のできるスーパーマーケットなどが近くにあるのか、夜間体調に異変が生じたとき、救急病院はあるのか、等々にも気配りをしておく。

次は立地である。山手線の内側は予算の関係で難しいかもしれない。それなら23区の北の埼玉方面か、南の川崎・横浜方面か、中央線沿線か、東へ向かって千葉房総方面か…エリアを絞り込んでいくと同時に、最寄駅までのアクセスはどうかも検討する。駅の近くに施設がない訳ではないが、予算との相談になる。こうして狙いを定めていく方法が施設選びの定石だが、実際はそう簡単にはいかない。

そこで、とても現実的な対応だが、現在募集している施設の中から前述のようなことを考慮しつつ狙いを定めていくことになる。気になる施設が目にとまったら資料を取り寄せ、検討し、施設見学が次のステップとなる。施設見学のときは食費を払って昼食をいただき、食堂の雰囲気を感じながら味わってみることが重要である。次は体験入所、1泊か2泊でよいからその中で暮らしてみることが何より重要である。

様々な検討事項はあるが、快適な暮らしができそうか否かが最後の決め手となる。腹が決まったら入居契約など事務処理に入る。りすシステムが身元引受保証人になる場合は、事務手続のすべての段階に生前契約アドバイザーが立ち会うため、大船に乗ったつもりで安心してことを進められる。

多くの施設は、居住スペースはかなり狭く、現在の住居にある荷物の大半は入りきれないので、荷物の処理をどうするかの決断が必要になる。施設によってはトランクルーム付きというものもあるので、荷物の始末をどうするかによって施設選びのもう一つの選択肢がある。

そして、いよいよ新居への引っ越しである。ここでは賃貸住宅に住んでいるケースだが、持ち家の場合の考え方は別にある。これからの新居が終の住まいになり得るか否かわからないので、別荘に引っ越すくらいの気軽さで施設住まいを考えることも必要である。居住用不動産の売却について特別控除の適用条件は、「住まなくなった日から3年目を経過する日の属する年の12月31日までに売ること」なので、持ち家の売却、明け渡しは慎重に…である。

これと同時に、将来持ち家を売却する際には問題もある。日本中に８２０万戸空き家があり、今後空き家がどんどん増えることは間違いない。そうなると、売却価格が安くなるだけでなく、売ること自体が難しくなる。そんなことも考えておかなければならない。

4－⑪

# 桜満開の隅田川でお花見、３日後に大往生

十数年前の事例である。

ホスピスや緩和ケア病棟もあまりない時代で、都内のホスピスに入院し、余命あとわずかと担当医に告げられ、本人もそのことを納得していた荒川愛子さん（仮名）が、４月初旬のうすら寒い時節に、「隅田川土手の桜を愛でたい」とおっしゃる。常識的には「とんでもない」と、一顧だにされない願いであろう。

その日、病院を訪れたアドバイザーから相談があり、愛子さんの切なる気持ちを叶えてあげるべきか否か、私たちは夜遅くまで議論した。

最終的には、生前契約は本人の意思を１００％実現する仕組みであり、身元引受保証人の私たちとしては愛子さんの思いを叶えてあげようとの結論に達したので、担当医や病院のスタッフに、「外出中に不測の事態が生じてもすべての責任はりすシステムが負い、病院には迷惑をかけないのでご協力願いたい」とお願いした。思いのほか、担当医からは「やりましょう。病院も全力をあげてサポートします」と即答をいただいた。

後日、担当医や看護師など大勢で隅田川土手の桜の下で花びらを浴びながら、しばしの時を過ごし、無事病院に戻ることができた。

それから3日後の明け方、愛子さんは息を引き取り、68歳の生涯を閉じた。

今日では緩和医療に対する理解も深まっているが、緩和病棟といっても「それは何?」という時代のことである。

おそらく家族ではこの決断はできなかっただろうというのが、そのときの愛子さんの感想であった。愛子さんは、りすシステムだからこそ、私の意思を100%実行してくれたんだと、看護師さんにその喜びを語っていたそうだ。「りすだからできた」その一言は何物にも代えがたい評価だ。その話を聞き、スタッフ皆で泣いた。歓喜の涙である。

4－⑫

## 北海道～大阪、旅のお供

北海道内の老人ホームで暮らしていた宮澤徳三さん（仮名）は北海道出身だが、現役時代は大阪で町工場を経営しておられた方だ。宮澤さんは認知症の初期症状を発症していたが、かねてより若き日に活躍した舞台である大阪を訪ねたいとの希望を持っておられた。

それも、ただ大阪に行くというのではなく、当時人気のあった札幌―大阪間を22時間かけて走る、寝台特急トワイライトエクスプレスでの旅をしようという趣向なのだ。

この宮澤さんの希望について、入居している老人ホームはあまり乗り気でなかった。「認知症の初期症状で怒りっぽくなっていますし、排泄の問題もあるのでかなり大変ですよ」といわれたが、りすシステムは、本人の意思・希望・思いを１００％叶えることが基本理念。困難は承知でトライすることにした。

夜汽車の旅の途中で怒りっぽい症状が出ることもあるとなれば、男性スタッフがいたほうがよいだろうとの判断で、北海道担当のベテラン女性アドバイザーと、男性介護福祉士の2人体制でこのプロジェクトに取り組んだ。

本書の執筆に際し、改めて当時の記録を読むと、担当スタッフの涙ぐましい努力が目に浮かんだ。よく頑張ってくれた、ありがとう、と頭の下がる思いである。

ご本人のプライバシーの問題もあるのでここで多くを語ることは差し控えるが、他人であるプロフェッショナルだからこそ使命感によって全うできたと、私自身改めて「私たちの生前契約ってすごいなぁー」と叫びたい衝動に駆られる。

宮澤さんは時折記憶が薄れながらも、かつての桧舞台である大阪を旅したことがよほど楽しかったのだろう、再度リクエストがあった。周到な準備を整えて臨んだが、ご本人の体調が思わしくなく、戻りは列車をキャンセルし、大阪—千歳間の飛行機を利用し無事入居している老人ホームに送り届けた。

ここでも老人ホームのスタッフから、「りすさんは全国ネットワークで大阪にも支部があるし、スタッフの層が厚いのでこれだけのことができるよネ」とお褒めいただいた。

宮澤さんは旅の疲れをものともせず、元気に老人ホーム暮らしを楽しまれ、天寿を全うされた。

4－⑬

# 新幹線利用で定期受診とお買い物のお供

東京でキャリアウーマンとして活躍していた海老川敏子さん（仮名）。リタイア後は故郷の地でホーム暮らしをすると決めていた。

田舎に引っ込んで一番困るのがお医者さんだ。敏子さんがおっしゃるには、「若い頃がむしゃらに働いたので、蓄えはそれなりにある。毎月の受診には新幹線を使えばよいので、その迎えがほしい。受診が終わったら外商扱いのデパートで買い物をしたい。そんなサポートをしてくれるところはないか」と物色していたとのこと。

敏子さんは〝病友《びょうとも》〟から「私は、入院の保証、手術の同意書の署名、ホームの保証人、すべて生前契約でお願いししているの」と聞いて、その〝病友〟同伴で事務所を訪ねて来られ、説明を聞き、りすシステムと契約した。

それ以来10年近くになるが、入院しているとき以外、毎月欠かさずこのサポートを行っている。

このサポート、スタッフにとっては、実はかなり骨の折れる業務なのだ。送り迎えはまだよいとして、ホテルでの泊まり込み介護はキツイ。しかし、敏子さんにとっても多少の不満はあるだろうが、いつもにこにこして、「りすさんのお蔭で、故郷に定住しながら、東京の一流の病院に通院できて、私は幸せ者よ」とおっしゃってくださるので、担当するスタッフは、「疲れも吹っ飛びます」と報告してくれる。

4－⑭

## 銀行への入金　お隣の奥さんに頼めない

東京郊外に住む佐藤睦美さん（仮名）は、まだ現役のキャリアウーマンだが、生前契約をしたキッカケはこんなことである。

睦美さんは私鉄の駅近くのマンションに住んでいるが、ある朝突然の高熱にうなされ、病院の付添いを年齢も同じくらいで仲良しのお隣の山上さん（仮名）の奥さんに頼んだ。診断はインフルエンザで、自宅隔離を指示されたところに銀行から電話があった。引落し日のため口座に振替入金が必要とのこと。脇でその電話を聞いていた山上さんが、「私、銀行に行ってあげるわよ」と声をかけてくれたので、通帳・印鑑を預け、手続きをお願いした。

インフルエンザの初期対応がよかったのか、１週間の隔離期間を終えて睦美さんの生活は日常に戻り、次の休日に、お世話になったお礼にと山上さんを食事に招いた、その席でのこと。「ねえ、うちの娘、私立に受かったんだけど、主人の会社が苦しくて辞退させようかと悩んでいるところなの。少し融通していただけないかしら…。無理ならいいのよ」と切り出され、睦美さんは一瞬戸惑った。通帳の残高は知られているので「私も貧乏なの」とも言い難い。「困ったときはお互い様というじゃないか。病気のときは本当にありがたかったし、ここで断れば数少ない友人を失うかもしれない…」と思案した揚句、睦美さんは用立てることにした。

山上さんは「利子を付けてお返しするからネ」と大喜びで、その後しばらくは良好な関係が続いた。しかし、ほどなくして「前にお借りした分お返ししないで言いづらいんだけど、主人の会社ピンチなの。助けてくださらない？　お願いッ」と迫られた。

睦美さんは迷いに迷った末、今度はお断りした。すると、翌日から顔を合せても挨拶してくれなくなった。

お隣とこんな関係になったので、次に何かあったらどうなるかと悩んでいた矢先、睦美さんはテレビでりすシステムのことを知り説明会に参加、生前契約をした。

睦美さんは、銀行の引落用口座と「貯金」の口座は分けてあったのだが、アクシデントで隣の奥さんに資産状況を知られたのが運のつき。というか、借金の申込みは珍しいケースだが、貯金の残高を巡って井戸端会議のネタにされるなど「ご近所づきあいとお金」の話はとかく難しい。

# 第5章

# 「私、認知症にはならない」そんな自信ありますか

## 〈任意後見事務〉の内容

5－①

# 認知症患者　正気に戻る瞬間がある
## ――そのとき満たされていると感じるケアをめざして

大分県由布市の功徳院という山寺を長年守っていた私の義兄は明治45年（1909年）生まれで、現在のすがも平和霊苑を運営する功徳院東京別院建立準備をしていた昭和60年頃、70歳後半だった。その頃から物忘れがひどく、東京別院づくりプロジェクトの進捗状況等について報告しても、聞いてない、お前は勝手に事を運ぶ、などと言い争いが絶えなかった。

兄嫁に、兄貴はボケが始まっているのではないかと言っても、そんなことはないと言い張っていたが、兄の死後、兄嫁の告白によれば、その当時既に大分医大附属病院でアルツハイマー型認知症の診断を受けていたそうだ。80代の中頃、認知症の症状はかなり進行し、日暮れどきになると決まって兄嫁本人に向かって「家内に電話したいのですけど」と語りかけていた。

そんな兄も、私が大分の寺に戻っているときの早朝、顔を合わすと「剛（私の幼名）、元気か、帰っていたのか、世話になるのう」と朝の挨拶が交わせるほど正常に近いのである。いずれは24時間３６５日のすべてで認知能力を喪っていくのだろうが、過渡期では時折り正気に戻ることを兄との接触で教えられた。

りすシステムは生前契約の一環として、任意後見契約を受任しており、その件数も２７６０件（平成30年5月末現在）を超えた。現在、任意後見監督人が選任され後見事務を履行している件数は常時30件ほどであるが、この中にも義兄と同じ症状の人がおられる。

りすシステムの後見事務履行がめざしているのは、契約者お一人おひとりがいつの日か一瞬でも正気に戻ったとき、「自分は幸せなサポートを受けているのだなぁ」と満足していただけるサービスの提供である。

神のみぞ知るとでも言わねばならぬ領域であるが、天からご覧になっている神様におほめいただけるような後見事務履行が、りすシステムの理想の姿である。

5－②

# 成年後見制度の仕組み
## ――法定後見と任意後見

「後見」とは、『体系民法事典』（青林書院新社）によれば、「独立の生活能力を有しない者の保護監督のために特定の者（後見人）を定めてその監護にあたらしめる制度である」とある。

我が国は、独立の生活能力を有しない者に対する後見を、成人に達しない「未成年後見」と「成年後見」の2種に分け、民法等で規定している。本項で取り扱うのは、成年後見制度の仕組みについてである。

成年後見制度はもともと、「家」制度の補完機能を主目的とするものであったところから、「後見人のための後見」「家のための後見」ともいわれた。

家を承継する者が独立した生活能力を有しなければ、家は断絶となる。家の断絶を阻止するための機能として制度化されていたと解すれば、平成11年に改正されるまで民法に規定のあった「浪費者の準禁治産者宣告」の不条理も理解できる。家を継ぐべき立場の者が浪費者であったら、家産は消失し、「家」は維持できなくなってしまうからである。

戦後民法の親族・相続編の全面改正で家制度を廃したが、後見制度の改革は置き去りにされた。

今日でも、官・民の法曹界には、本人（被後見人）の人権やＱＯＬ（quality of life：生活の質）の尊重より、本人の「財産」を護るという意識が根強く残っているようで、私は残念に思う。

平成14年頃のことであるが、りすシステムが任意後見人となり、後見事務を履行していたケースで、本人（被後見人）のもう少しグレードの高い老人施設に転居したいとの希望に対し、任意後見監督人から、１２０歳まで生きると財産が不足する恐れがあるので認められないと転居を拒絶された。これは監督人の所為《せい》ではなく、家庭裁判所の考え方が財産維持至上主義から脱していないことによる。

立法趣旨や法律の規定が実生活の中に活かされるには、長い時間を要することをしみじみ感じさせられた。

これは明治29年（１８９６年）に民法を制定し、１００年余続いた法律的価値観は容易に転換できない事例として指摘しておきたい。

他方、任意後見制度は平成11年の民法改正と同時に、独立した法律として「任意後見契約に関する法律」（以下、「任意後見法」という）を制定し過去に類を見ない新しい制度として発足したものである。

法定後見制度が、法律で決められた関係者が家庭裁判所に申し立て、家庭裁判所が後見人等を選任する制度であるのに対し、任意後見制度は、本人に判断能力が十分ある時点で自分自身が信頼できる人（個人又は法人）を選んで、将来自分自身の判断能力が不十分になった際、財産管理、医療、介護等、生活全般のサポートを託す内容を代理権目録として具体的に示し、公正証書による契約を締結する制度である。因みに「公正証書」によらなければ、法律上の「任意後見契約」は成立しない。

生涯、判断能力に問題が生じなければこの契約は日の目を見ることはないが、自分自身、あるいは周囲の関係者が本人の判断能力に問題があると感じるようになったとき、本人が自ら又は周囲から勧められるなどして医師の診察を受け、判断能力にかげりが出たと診断された場合、任意後見受任者等が家庭裁判所に「任意後見監督人」の選任を申し立てる。

家庭裁判所が本人の精神的な状況、任意後見受任者の適格性などを十分調査した上で、「任意後見契約」を実施に移すことが相当と判断した場合、任意後見監督人が選任される。

任意後見監督人が選任されると任意後見受任者（例えばりすシステム）は「任意後見人」の資格を得て、具体的な後見事務を始めることになる。

生前契約では、それまで生前事務委任契約による「生前事務」として入院やホーム入居などのサポートを行っていたことを、「任意後見人」の事務として行うことになる。

任意後見人は、任意後見契約の「代理権目録」に記載されている内容の仕事しかできない仕組みである。

では、代理権目録に記載されていないが、どうしても必要な事柄が発生した場合はどうするか。現行制度では、任意後見人として家庭裁判所に申し立て、法定後見制度による後見、保佐、補助いずれかの類型の審判を受け、新たな後見人等に委ねることになる。その際には、任意後見契約は自動的に終了することになる。

この場合、任意後見人である「ＮＰＯりすシステム」が新たな後見人等に選任されるとは限らず、元気溌剌《はつらつ》として社会で活躍していた頃の本人の姿も、その人の生き方やライフスタイルについても、情報をまったく持っていない人や法人が後見事務を担うことになる場合もある。

平成14年頃、関西にお住まいの賀川光子さん（仮名）のケース。りすシステムが任意後見人となっていた賀川さんが、後見状態になったため、自分が経営していた美容院の経営権を娘さんに譲渡しようとした。しかし、任意後見契約の代理権目録に経営権譲渡という事項は入っていなかった。

任意後見制度が始まって間もない頃のことで、法務省民事局の担当者に電話で相談した。回答は、「任意後見契約を解除し、法定後見に移行すべし」であった。

このケースは、法定後見に移行することなく、保健所と協議して、賀川さんは美容院の廃業届を出し、娘が新たに新規営業許可申請をするということで収まったのだが、判断に迷うケースであった。

〈任意後見と法定後見の優位性〉

任意後見契約に関する法律第10条1項は「任意後見契約が登記されている場合には、家庭裁判所は、本人の利益のため特に必要があると認めるときに限り、後見開始の審判等をすることができる」と規定している。

これは、本人が任意後見制度による保護を選択した自己決定を尊重するという趣旨であり、当然のことを法律が規定したものである。

しかし建前はその通りであるが、実務では先の事例のように、代理権目録に記載のない後見事務が必要となったときは任意後見契約を解除し、法定後見に移行させるという取扱いになっていることに私は疑問を持っている。

代理権目録に記載はないが、先の事例のように本人の利益になり、どうしても必要な代理行為については、本人の意思を尊重して、任意後見人、任意後見監督人の請求により、家庭裁判所の審判で代理権の追加を可能とする制度設計をしなければ、本人の自己決定の尊重は画餅となる。

ＮＰＯりすシステムは、平成13年より任意後見契約の受任を開始しているが、当時の関西地区の公証人より「登記所で差し戻されるような代理権目録では困る」との要望もあり、唯一の後見登記取扱法務局である東京法務局の担当者のもとに十数回足を運び、代理権目録の調整作業を行った。その当時の法務局の立場は「代理権の範囲を限りなく小さくする」というものであった。

将来何が起こり、何が必要となるか予測不能、かつ代理権目録が有効に機能する段階では、「代理権の変更不可」という法制度では、任意後見開始後、人の生活にどんな変化が起こるか予測は難しい。そこであらゆる可能性を想定し、任意後見契約の代理権の範囲は広いことが望ましいが、法律施行直後で法務当局でも具体的事例はなく、まったく新しい制度の導入について十分理解できなかったのであろう。現在では、相当広い範囲の代理権を認めている。

**〈任意後見監督人の権能〉**

任意後見契約に関する法律の第1条は「この法律は、任意後見契約の方式、効力等に関し特別の定めをするとともに、任意後見人に対する監督に関し必要な事項を定めるものとする。」と規定しているように、任意後見制度における任意後見監督人は、制度の中核をなすものである。

任意後見契約とは、そもそも「私人間」の委任契約を、法務省令で定める様式の公正証書契約により任意後見監督人に、私人間の契約履行状況をチェックさせるという形で、公が介入する制度設計となっている。

任意後見契約は公正証書によるものだが、ありていに言えば仮契約である。それは、任意後見契約法第2条第1項の規定により「任意後見監督人が選任された時からその効力を生ずる旨の定めのある契約」即ち任意後見監督人選任を条件とする停止条件付委任契約である。

受任者の不適格により任意後見監督人が選任されなければ、この契約は失効となり、監督人選任の段階で、受任者の適格性が家庭裁判所によって判断される仕組みである。

任意後見監督人の職務は、任意後見人の行う事務を監督し、その報告を受け、家庭裁判所に定期的に報告するなど多岐にわたる。

# 「後見ノート」という名の意思表示書から
## ――認知症になっても人間らしく生きるために

地獄や極楽はあるのか、ないのか？　地獄や極楽から戻って来た人はいないし、落語ネタではないが、死者に携帯電話で連絡をしたこともないのでわからない。

これと同じような理屈で、認知症になったら何がわかって、何がわからないのか等、真実を知る由もないが、ふっと正気に戻ることがあるのは私の経験からも実証される。りすシステムが受任する任意後見契約の目指すところは、後見状態になった委任者が正気づいたその瞬間、「自分は幸せだな」と感じてくれるような後見事務を行うことである。

りすシステムは、委任者にとって親子でも親戚でも友人でもないので、その人の好みや生きざまなどを忖度《そんたく》するに足るだけの情報を持ち合わせていない。しかし、その情報なくして理想的な後見事務を行うことは困難である。

そこで発想、工夫したのが「後見事務履行に関する事前意思表示書」で、私たちが「後見ノート」と呼んでいる書面だ。これにより委任者本人の真意を知る術としている。

「医療上の判断に関する意思表示書」と対《つい》をなすものである。

任意後見受任件数が２７６０件（平成30年5月末日現在）を超えたので、その人数分の後見ノートがある。一人ひとりの人生のある種の締めくくり方が、ここに表現されていると感じている。すべての集計はできていないが、私が生きている間に何とかまとめたいと考えている。

類型化は現在作業中で、集計分析が完成の暁には、我が国の成年後見制度における、本人尊重と人権擁護という理想的なあり方を提示できると考えている。

次に示すのは、後見に関する意思表示アンケートの結果から抜粋した、委任者それぞれの人生の締めくくり方に関する希望である。

## ■後見に関する事前の意思表示アンケート結果から

### 1．私の人生観

- 願望は、自己意思のあるうちに死を迎えたい。意思に反してボケが来た時は、入院して、延命治療はせず、できるだけ早く死を迎えたい。（女性）
- 意識が確かで、意思表示できる限りは生きていたい。逆に、自分を自分として認識できなくなった時点で、安楽死を選択したい。（男性）
- ケチるとか贅沢にとか、特に意識しない。日常は自然に、必要と思う時は出費を惜しまない。（女性）
- 他人に迷惑がかからなければ、世間体、他人の思惑、評判などには、一喜一憂せず、自由に暮らしたい。（女性）

### 2．住まいについて

- 狭いながら、身を粉にして働きやっと手に入れた家なので、自宅で生涯を終わりたい。（女性）
- 精神的・身体的に自立できなくなった時は、現在の経済力で可能な限り、最も適した施設に入りたい（後見人の判断に任せる）。住まいを公団に返却する手続きもお願いしたい。（男性）
- 老人ホームに入るのは、経済的に無理なので、今の場所に住み続け介護保険等に頼る以外にないと思う。（女性）
- 自宅に生涯住み続けたい（団体・グループ生活は可能な限り拒否）。自宅に暮らし続けられない時は、施設入居も致し方ないが、極力快適・良心的な施設探しをお願いしたい。（女性）
- 娘夫婦に頼まれ同居したが、共通の話題もなく、近所に知り合いもいない。老人マンションのような所に移りたい。（女性）
- 気力、体力のある内に、老人ホーム等に馴染みたい。住居は売却する。（女性）

３．食生活について

- 洋食中心だったが、年齢と共に和食も食べるようになった。ホテルでの食事が一番好き。（女性）
- 健康的で、人間らしい食事ができれば、特に美味な食事等は不要。（男性）
- たまには美味しいものを食べたい。特に健康第一の食事でとは考えていない。（女性）
- 持病の狭心症のため、食事制限があり、兄弟に助けてもらっている。（男性）

４．衣生活（服装）について

- 流行に興味はあるが、おしゃれは、普通、どちらかといえば控えめにと思っている。（女性）
- 洋服中心で、海外で買うことも多い。軽くて、暖かいもの、ブランド品など気に入ったものを探して買う。（女性）
- おしゃれに関心なし。ジーパン、ポロシャツ、ジャンパーなど、旅と登山とバイクに乗れるもので良い。（女性）
- 衣料はごく普通のもので良い。惚けて、自分で選択できなくなった時は、尊厳を保てる程度の身だしなみにしてもらえると有り難い。（男性）

５．おしゃれについて

- 美容院は月１回、外出時は化粧する。自宅では、化粧水だけでよい。（女性）
- 年齢がいった分、きれいに、姿勢良く、にこやかに過ごしたい。（女性）
- 美容院には行かない。髪は自分でカットし、メークも特にはしない。
- 毎日の入浴と、良く洗濯された衣服があれば良い。頭髪やヒゲの手入れが適時できれば幸い。（男性）

6．最期の決断（自分が考える終末期の生活状況）

- 年金で賄える程度に調整しているが、不可抗力で必要となれば、社会保障システムに頼りたい。（女性）
- 兄弟、甥、姪の世話になる積りは毛頭ない。最期はシニアハウスか病院か、そのために貯金で備える。（男性）
- 自分のことは、自分でという生き方なので、ボケて金銭感覚がなくなったときは、財産管理を依頼したい。その際は私の財産の範囲で、死を全うできるよう配慮を！（女性）
- お金は計算しているつもりです。親戚の援助は絶対受けたくない。もしお金が残れば福祉関係に寄付する。（女性）

7．その他

- 子供もなく孤独だが、「りす」と知り合って、常に、一人ではないという、安心感を与えられています。親戚とは、仲良くしていますが、最期のことになると別だと思っています。ただ一つの心配は、自宅で倒れ意識がなく、連絡が取れない状態になった時のことです。（女性）
- 重い病気になった場合、手術はせず、延命処置もせず、苦痛だけ除いてほしい。口から食事が取れなくなった時が寿命が尽きる時と観念している。（女性）
- 子供２人は成人するまで育てたので、あとは人に迷惑をかけずに自分達で生きてくれれば良い。私も子供、身内に迷惑をかけず、自分で選んで自分のために任意後見契約を結び、安心して生きていきたい。（女性）
- 体が動かなくなったとき、ボケてしまったとき、病院の支払等、銀行からお金を下して払ってくれる信用できる人はおりません。情など離れて、事務的にすべて運ばれることを望みます。（女性）
- 夫も子供もいないので、もし少しでも残るものがあれば、社会に役立ててほしい。（女性）
- 施設に入ったら、特定の人（家族代わり）が、継続して訪ねて来てほしい。（女性）

# 第6章

# 生前契約の理念と実務

# 生前契約誕生物語

6－①

生前契約という社会保障の仕組みは、もやいの会々員の安田さん（仮名）の「私たちには子どもがない。最近、親戚との縁を切り、新しい土地に引っ越したので、隣組の仲間もおらず、葬式をしてくれる人がいない。もやいの会は、お骨をここに持って来いというが、お骨には足がない。もやいの碑を作ってくれてお墓は安心だけど、墓に入る前のことが心配なんだ。ホトケ作って何とかというじゃないか。もやいの会でも寺でもいいから、何とかしてほしい」という、切々とした訴えから始まった。

もやいの碑という、未だかつてなかった新しいスタイルの墓がやっと完成し、数百人の会員が集まり、やれやれ一段落とホッとした矢先、大きな宿題をいただいた。

スタート時の生前契約の契約書は「葬儀等の生前契約基本契約」というタイトルで、そのタイトルが示しているように、当初は葬儀に特化し契約者の要望に応えることにした。

葬儀には喪主が必要であるが、訴えのあった安田さんのように、配偶者に先立たれた方には葬儀を主宰する喪主がいない。子どもや親族以外の他人が、他人の葬儀の喪主になれるのか。これが第一の関門であった。

喪主、つまり葬儀（祭祀）を主宰する者は民法第897条（4-③参照）の規定により、亡くなった人の指定があれば誰でも喪主になれる。

この条文は、お墓や仏壇、系図などの承継は、相続の一般原則から除外し、祖先の祭祀を行う者に祭祀財産を承継させると規定し、祭祀を主宰する者（喪主）は誰かを定めている条文である。

条文によれば、被相続人が生前に葬儀をする人を指定してあれば、その人が最優先される。指定がない場合は慣習による。慣習が明らかでない場合は家庭裁判所が決める、とある。

しかし、自分自身の葬儀が「祖先の祭祀」に該当するのかという疑問があり、法律家を訪ね歩いた結果、明確な回答は得られなかったが、「先に死んだ者を祖先」と解してもよいのではないかと私は理解した。その後、数千通の公正証書を作成し、りすシステムという法人が喪主を務めているが、どこからもクレームがつかないので問題なしとの確信を強めている。

「祭祀主宰者の指定」について、遺言でなければならないとか、特別な方式を必要とするとはされていないが、生前契約では関係者から万一クレームが入った場合等に備え、遺言で祭祀主宰者の指定をしてもらっている。

### 〈葬儀等に必要なお金の支払い〉

人はいつ死ぬのか、まったくわからない。よって、期日の定めのない契約を受託するのは極めてリスキーなことであるが、それを承知で受託しなければならないのが生前契約という契約だ。

葬儀等に要する費用は、仕事を引き受ける側として安心なのは、前金で受け取ることだが、これにもリスクがある。インフレにより葬儀費用が値上がりしても、価格は契約で決め、費用を預かっていれば、仕事の内容は決めた通り履行しなければならない。追加料金を請求しようにも「頼んだ本人が死んだ後に行う仕事だから、相手はこの世にいない」というリスクがある。

さらに前金を支払った人は、「支払先は大丈夫だろうか」と心配で、眠れぬ夜が続くかもしれない。そもそも、先々の安心を得るための生前契約が新たな悩みの種になったのでは、本末転倒である。こうしたことから、前金を受け取ることは止そう、と決めた。

お金のもらい方については、試行錯誤の結果、民法の次の条文に出会った。

（負担付遺贈）
第１００２条　負担付遺贈を受けた者は、遺贈の目的の価額を超えない限度においてのみ、負担した義務を履行する責任を負う。

この条文は、死にゆく人自身の葬儀等の対価支払いを「負担」と考えるものだ。つまり葬儀等の代金に見合う金銭を死後贈与する、という趣旨の遺言をすることができるのである。

対価の値上がりについては、契約内容の見直し規定を設けたので、値上がりすれば、財産の遺贈額を見直せばよいが、公正証書遺言をその都度書き直すのは現実的ではなく、その都度費用もかかる上、その時点で契約者に意思能力がなくなっていることもあり得る。そこで考案したのが、限度額方式である。

限度額方式というのは、契約時の対価が80万円とすると、この80万円に対して将来の値上がり分を20万円と想定し、遺贈金額を１００万円と定める方式である。

死後、要した費用を精算した結果が88万円なら、余剰金12万円をあらかじめ指定しておいた返還先に引き渡すという仕組みである。四半世紀を経過した今日でもこの方式を継続している。このように、葬儀等の事務を行う権限が明確になり、代金の支払方法が決まれば、葬儀等の生前契約モデルの完成である。

契約書の条文等を作成する過程で気づいたことがある。見直し規定について、契約者が万一意思能力を喪失し、いわゆる認知症等となったらどうするかである。そこで、契約書に次の条文を設けた。

> 第7条　甲が意思能力を喪失した場合、本契約における契約内容の見直し、価格改定等に関する意思表示は、乙又は次の者に委ねる。
>
> 但し意思能力喪失の判定は次の者に委ねる。指定なき場合は複数医師の診断に委ねる。

判定者
住所　〇〇〇〇〇〇〇
氏名　〇〇〇〇

このような内容の契約を受託開始した平成5年当時は、まだ任意後見契約制度の影も形もない時代である。意思能力喪失後の代理人は、現行法による任意後見制度における任意後見受任者で、判断能力の判定者は、家庭裁判所による任意後見監督人選任に当たる。任意後見契約に関する法律の施行は、生前契約の引受け開始から7年後の平成12年である。

## 〈老人ホームの身元引受保証人になってほしい〉

生前契約の契約者が増えるにつれ、人の悩みや欲求には際限がないと実感するようになった。

皆で仲良く、誰でも入れるお墓を準備したら、その前段の葬儀等の死後事務を引き受けてほしいと求められる。葬儀等の生前契約が完成すれば、「その手前の老人ホームに入るための身元引受保証人が必要だ。甥や姪はいるが、あの子たちには頼みにくい、何とかならないか」と熱く迫られる。必要なことは重々わかるが、老人ホーム等の身元引受保証人は、家族、親族と市町村の条例で定めているところが多いと説明しても、「家族や親族のない私たちはどうすればよいのか、何とかしてくれ」と迫られる。

ありとあらゆる智恵をしぼり努力を重ね、この課題も何とかクリアした。北関東の県庁所在地にある市営の軽費老人ホームで、りすシステムという法人が身元引受保証人になれたのである。交渉役には女性アドバイザー2名が当たったが、施設長も女性で、事情をよく理解し奔走してくれ、特例を認めてくれたのである。女性パワーに感嘆した四半世紀前の記憶が、昨日のことのように蘇る。

我が国の社会は前例、先例が尊重される。これ以降「他の自治体では法人の身元引受保証人を認めている」と言えば概ね〇Kとなったが、いまだに頑固なのは都営を含む公営住宅である。そういったケースにどう対応するのかが今後の課題となっている。幸運というより契約者のモラルの高さによるものだろうが、いまだかつて1件も、身元引受保証人として金銭債務の肩代わりなどをしたことがない。

利用者から「死ぬのは一度だけど、入院保証や海外旅行の連絡先の依頼などはそうじゃない。生きているうちは何度もりすさんにお世話になるのよね」と言われることがあるように、りすシステムの日常業務において、生前事務委任契約による生前サービスの比重は大きくなりつつある。

6－②

# 生前契約の原理・原則

生前契約という前代未聞の社会保障サービスのシステム構築を図るに際し、この仕組みの円滑な運営と、未来永劫への永続性を担保するための原理・原則を自らに課した。

## ①　死者の人権の確立と擁護

タイトルから大仰なことのように思われるだろうが、生前契約という仕組みを構築する必要性から生み出された理念である。

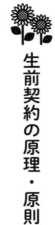

生前契約という仕組みは「ひとりで死ななければならない人、ひとりで死にたい人」のための社会サービス故に、利用者本人の意思が最大限尊重されなければならない。つまり、主役は死者本人である。

しかし、我が国の民法は、第3条第1項で「私権の享有は、出生に始まる」とし、第882条では「相続は、死亡によって開始する」、第896条では「相続人は、相続開始の時から、被相続人の財産に属した一切の権利義務を承継する。ただし、被相続人の一身に専属したものは、この限りでない」と規定している。

世間で「人は死ねば物になる」といわれるが、それはこの民法の条文を指している。葬儀等の死後事務は当然「人の死」によって開始される。人は死によってすべての権利を喪い、その権利は相続人に承継され、「人」でなくなった状態から、死後事務は始まる。

世俗的には「お棺の中の死者の声に耳を傾ける」とはいうものの、死者が声を発することはない。そこで、死者に擬制的な基本的人権を付与すべきものとした。死者が生前に締結した死後事務委任契約の履行開始を、死者自身が指示するという法律的効果を担保しなければ、生前契約は成立しないと考えた。

戦後の民法は、旧家督相続から均分相続に改定されたため、旧民法で相続の中心的存在であった先祖祭祀の取扱いは（6－①）で既に述べた。

法律上、葬儀等を主宰する者を生前に指定することができるが、慣習による場合が圧倒的に多い。しかし、生前契約をシステム化する上で、民法第897条第1項ただし書き（4－③参照）の規定は極めて有効であった。

他方、生前契約は遺族の葬儀をする権利を侵害するとの批判にさらされることになった。このような批判に対抗するためにも、生前契約ではあくまで主役は死者であらねばならず、そのためには死者に人権を付与することが必要不可欠であった。

生前契約における葬儀等を含む死後事務は、死者本人が発注者即ち指図人で、本人の指図により生前に自己決定した事項を、契約受任者のりすシステムが完全に履行するという、論理的整合性を担保することとした。

## ② 自己決定至上主義

生前契約は、慣習や周囲の関係者からの束縛から離れ、生前、自己意思により決定した内容を、死後、確実に履行することを目的とした契約である。

説明会などで「葬儀にタブーなし。どんなことでも自分がしたいことを自由に決めて実現できます」と話すと、目から鱗《うろこ》と驚く方が多かったが、今日では自己決定は当たり前と考えられるようになった。わずか20余年で、世の中が大きく変わったのだ。

今では当たり前だが、死に衣装を自分で選び準備することなど考えられなかった平成6年9月、生前契約1周年記念イベントとして「死に装束のファッションショー」を開催した。会場には国内外の放送局のテレビカメラが十数台も入り、異常ともいえるフィーバーぶりであった。特に印象深かったのは、その年のＮＨＫ紅白歌合戦の直前に放映された、この一年を振り返る番組で、そのファッションショーの模様が流れたことである。

自己決定できるのは葬儀周辺のことだけでなく、当然、墓についても自己決定し、自己実現が可能である。

ただし、自分で考えたことは、決めておけば何でもできるかといえば、法に触れる行為や、公序良俗に反する事項などは、自己決定しても引き受けられないので、実現できない。

### ③　死の自己受容

私たち日本人は、長い間自分の死に正面から向き合うことを避けてきたが、自分の死の始末を自己の意思により自ら決定することを求められる生前契約では、自分の死から目をそらすことはできない。

自己の死を受けとめることは、言うは易く現実には極めて困難である。生前契約が誕生した四半世紀前は、本人に対するガンなど不治の病の病名告知、まして余命の告知はタブーとされていた。当時の状況を省みると、ガン等の疑いがあれば、多くの場合、患者の家族にのみ病状説明がなされていた。

私自身、その当時70歳を迎えたばかりの母に胃ガンの疑いがあると診断された際、看護師長からすぐ病院に来てほしい旨の電話を受けた。私は医師から、母が胃ガンで直ちに手術が必要との宣告を受けたが、本人にはそのことは告げず、「簡単な胃潰瘍の手術だから」と嘘をつき手術を受けさせた。全快した母は89歳で没したが、私はこの嘘をつき通した。

このような対応が当たり前の時代に、死の自己受容を生前契約の理念に掲げたのは、当時、生前契約を利用する人の多くは、私が母についたような嘘をつき通してくれる人がいないケースが多かったからだ。そんな時代でも「これからホスピスに入るからよろしくね」と平常心で入院する人もいて、そのあっぱれな生きざまから死の自己受容の実現性を学んできた。

死者の人権、死の自己受容、死の自己決定こそが生前契約の原点であることを改めて確認しておきたい。

④　**個人情報の保護**

個人情報の保護に関する法律が制定されたのが平成15年。平成５年創設の生前契約は、法律制定の10年も前から個人情報の保護を至上命題としてきた。

生前契約は契約締結に際し、詳細な個人情報を預かる。そうしなければ質の高いサービス提供ができない訳だが、お預かりした個人情報の管理に苦慮することが多い。

情報の秘匿に関しては個人差がある。例えば、生前契約をしていることが親族などに知られるだけで困る方もいる。創設から四半世紀を経た今日では少なくなったが、各種の通知文書を発送する際、法人名や住所が印刷されている封筒は使用せず、スタッフの個人名での発送を希望する方が未だにおられる。外向けの秘匿だけでなく、内側の家族等に対する秘匿を要する場合もあるのだ。

ありがたいことに創設以来、一度も情報もれによるトラブル発生はなく、社会的信頼の醸成に寄与している。

⑤　**公益性と非営利の原則**

生前契約という社会的サービスは儲からない仕事なので、そこから儲けを出そうとすれば無理が出る。ここでいう無理とは、利用者の不利益が生じる、ということである。したがって生前契約は、非営利でなければならない。

既に述べたように、生前契約受託主体は契約の永続性を担保するため、法人でなければならない。創立時はＮＰＯ（特定非営利活動法人）に関する法律もなかったので、苦肉の策として株式会社で契約受託を開始した。その後、ＮＰＯ法（特定非営利活動促進法）が制定されたので、ＮＰＯ認証を受け、現在りすシステムはＮＰＯである。

ただし、生前契約受託主体としてＮＰＯが最善かといえば「否」である。ＮＰＯ法の目的は、市民運動を促進することで、規模の大きな経済活動を行うに十分な組織形態とは言い難い。我が国の現行法制度の中では、公益財団法人が望ましいが、その認可も容易ではないので、次善の策としてＮＰＯという組織形態をとっている。足らざるところを運営の工夫により、今日では確固たる運営基盤を築くに至っている。

私が発案し、四半世紀を経たりすシステムの生前契約の歴史を省みるとき、受託法人の形態が非営利法人であることは重要な要素であるが、それとともに運営の任に当たる人を得ることと、運営指針とその姿勢が非営利に徹していなければならない。

インターネットで「生前契約」を検索すると数多くの情報がヒットする様を見て、感概無量である。それは、生前契約という言葉が社会的に大きく広がったことへの喜びであると同時に、「大丈夫かい?」との危惧でもある。

何に対する危惧か。他の事業者がどうであろうと私たちには関係ないが、生前契約というサービスを利用した消費者に被害が及ぶことがないかが心配なのである。以前、生前契約関連で世間を騒がせる事態が発生し、多くの消費者に被害が及んだ。この事業主体が公益財団法人であったことに私はショックを受けた。この法人が公益法人でなければこれだけ大きな被害には至らなかっただろう。

重ねて強調しておくが、生前契約という事業は儲からない。したがって、儲けることを決して企んではならない。非営利に徹しなければならない。

### ⑥　費用自己負担の原則

「生前契約は、お金持ちしか利用できないのですよね」

こんな問いかけを受けることがある。お金持ちであるか否かはともかく、自分の人生の手じまいを自分自身で決め、それを確実に実現するためには、当然、費用が要る。

その費用は自分持ちであることは言うまでもない。死者の人権、自己決定したことを実現するための費用を自己責任で準備してこそ、真に求めていた理想が実現できる仕組みが生前契約である。

生前契約の非営利性を支えているのが、利用者による費用の自己負担原則である。生前契約のシステム運営に当たって、税金はもちろん、部外者である個人や法人からの財政支援は一切受けていない。ただし、生前契約を利用した人々が、「この仕組みの恩恵にあずかって、満足して生をまっとうできる。この仕組みが未来永劫に継続し、自分と同じ思いで生前契約を利用している人、これから利用する人々に大いなる福音を」と期待して、死後の財産を遺言により遺贈されるケースは数多くある。

実はこれら善意の人々からの寄附により、NPOりすシステムは健全な運営ができていることを、役職員一同、片時も忘れていない。現在りすシステムは、札幌、仙台、東京、名古屋、大阪、広島、松山、福岡、大分の9か所に活動拠点を置き、日本全国を網羅し、日夜利用者サービスに努めている。これも、利用者の死後の寄附、非営利による相互扶助思想を根底にしているからこそ可能となっている。本当はもっともっときめ細かなサービス網を立ち上げることを目標にしているが、今はこれが精一杯である。

## ⑦　業務監視システムの充実

生前契約のサービスは、死後や病気などで社会的弱者になっている状態で履行されるものが多い。

人間の性《さが》は善であると信じるが、他人が見ていなければついついサボりたくなるのもまた、人間の性。私は生前契約システム構築に際し、人の弱さに起因する怠惰を回避し、真に利用者に満足してもらえる仕組みづくりに腐心した。

そこで、チェック機能の仕組みを充実させることが重要だと考え、株式会社すがも平和霊苑で契約を受託していた当時、独立機構として「サービス適正化委員会」なる組織を立ち上げた。委員長を弁護士、委員を大学教授、雑誌の編集長、消費者団体の役員に委嘱した。当然、無報酬なので、趣旨に賛同してくれた友人や仲間であるが、私との関係性よりも職業倫理を優先し、利用者の立場に立って業務の結果をチェックしてくれる人材を選んだ。

スタート間もない頃は実施案件も少なかったので、年１回程度、委員会を開催した。当該案件に係るすべての書類等を机上に載せ、委員全員が一点一点チェックし、質問も多く出たが、単純ミス、制度が十分理解されていないことに対する説明にも多くの時間を要した。この委員会の成果が生前契約の進化や深化に大きく寄与したことは言うまでもない。

平成12年2月、この委員会を別法人として独立させ、ＮＰＯ認証を受け設立したのが、ＮＰＯ日本生前契約等決済機構である。

6－③

## 「契約家族」の構造
## ――契約家族を支える三つの機関、三つの契約

堅固な契約家族を作り、円滑に運営するためには、三つの機関と契約が必要である（後掲の図１参照）。

一つ目は、家族の役割を契約によって引き受ける機関で、「契約家族契約受託機関（以下、『受託機関』という）」、現行ではＮＰＯりすシステムがそれを担う。

二つ目は、利用者がりすシステムと結んだ契約内容が確実に履行されているか否かをチェックし、履行が不完全な部分や請求書等に不明確な箇所があれば、これを是正させる権限を有する「監視機関」である。ここが十分機能しないと、どんなにすばらしいことを決めても画餅になる。

三つ目は、りすシステムが実施した仕事の完全性を監視機関が確認した後、その機関から支払い指図を受けてりすシステムに対しサービス代金の支払いを行う「資金管理機関」である。デビットカードを使う場合は銀行、死後事務の代金を支払うために生命保険を利用した場合は保険会社、資金を金銭信託により準備する場合は信託会社、さらに

苦肉の策として資金を預かるＮＰＯなどの法人がこれに当たる。それぞれの役割と三者の関係性は図1のようになる。

## 1　「契約家族」契約受託機関〈ＮＰＯりすシステム〉

現在の「契約家族」契約では、ＮＰＯりすシステムが受託機関となる。受託機関は文字通り、公正証書契約により「契約家族」の役割を引き受ける。「契約家族」づくりのために、利用者とりすシステムの間で次の三種類の公正証書契約を締結する。

### (1)　生前事務委任契約

人が日々生活していく中で、自分自身で対処できないこと、やればできるが諸般の事情で誰かに依頼しなければならないことが起こる。人生一寸先は闇といわれるように、具体的にどんなことをどんな時に依頼することになるかは、わからない場合が多い。

誰でもが何らかの事情で、それまで自分でできていたことができなくなり、それを誰かに依頼しなければならなくなることもあるだろう。その内容をあらかじめ整理し生前

■図１

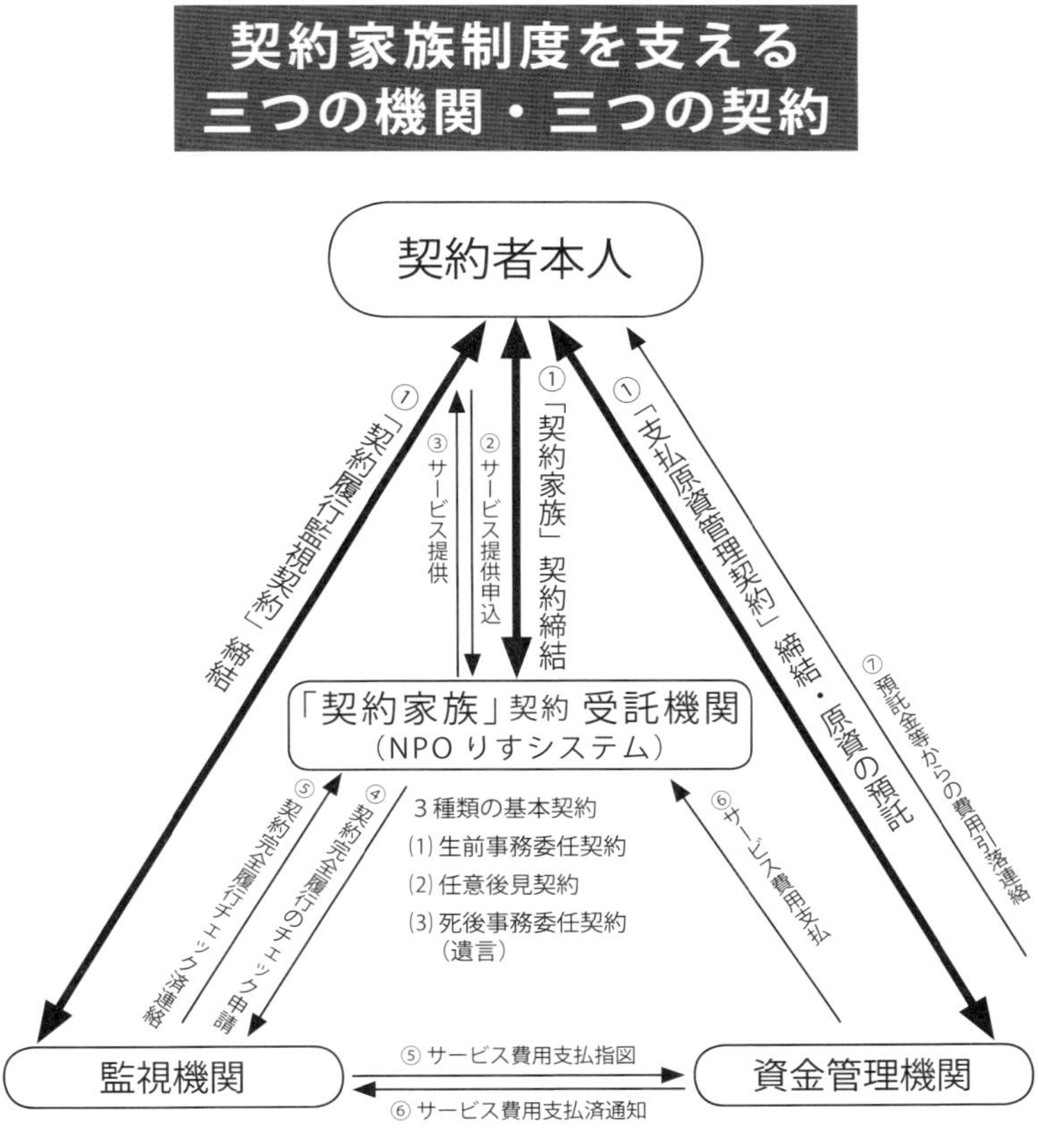

契約家族制度を支える
三つの機関・三つの契約
契約者本人
①「契約家族」契約締結
②サービス提供申込
③サービス提供
⑦「契約履行監視契約」締結
①「支払原資管理契約」締結・原資の預託
⑦預託金等からの費用引落連絡
「契約家族」契約 受託機関
（NPO りすシステム）
３種類の基本契約
⑴生前事務委任契約
⑵任意後見契約
⑶死後事務委任契約
（遺言）
④契約完全履行のチェック申請
⑤契約完全履行チェック済連絡
⑥サービス費用支払
監視機関
資金管理機関
⑤サービス費用支払指図
⑥サービス費用支払済通知

事務目録を作成する。その目録記載のどれかが必要になった場合、その都度、原則は文書で、やむを得ない場合は口頭でりすシステムに伝えれば、りすシステムは直ちにサービスを提供するという契約が、生前事務委任契約である。

認知症等で判断能力を失い、この生前事務委任契約の維持が困難になると、任意後見契約公正証書による手続きに移行することになる。その際、生前事務委任契約の代理権目録と任意後見契約の代理権目録が重複している部分の、生前事務委任契約の代理権は終了する。重要な点は、医療上の判断に係る生前事務委任契約の代理権は終了させず、継続させる仕組みである。なぜならば現行法制上は、任意後見契約における医療上の判断等に係る代理権の効力を認めていないためである。

生前事務目録は、

第1　生活・療養看護（7件）

第2　財産管理（5件）

第3　その他の生活支援業務（9件）

であるが、随時変更可能としている。

## ⑵ 任意後見契約

既に述べたように任意後見契約は「任意後見契約に関する法律」に基づいて、万が一認知症等で判断能力が低下したり、喪失したりした事態に備える契約である。（第５章参照）

「契約家族」契約では、任意後見契約を必ず締結してもらうことにしている。それは極めて現実的な理由からである。「契約家族」という家族は、「ご縁」（契約成立）ができたら切れ目なく死後のことまでトータルでサービス提供することを約する契約である。例えば、生前事務委任契約を根拠に身元引受保証サービスの実行中に、契約者に判断能力が欠如する事態が生じたとしよう。「契約家族」はあくまで「契約」だから、契約を締結したり継続する能力が欠けたらその契約は存続できないことになる。

そのような事態が生じた場合、直ちに任意後見契約発効の手続きを開始し、任意後見人としてサービスの継続を担保する仕組みとしているのである。

現行りすシステムが受任している任意後見契約の標準的な代理権目録は、次の通りである。

1．介護契約（介護保険制度における介護サービスの利用契約、ヘルパー・家事援助者等の派遣契約等を含む。）その他の関連福祉サービス利用契約の締結・変更・解除及び費用の支払い等に関する一切の事項
2．要介護認定の申請及び認定に関する承諾又は審査請求に関する一切の事項
3．福祉関係施設への入所に関する契約（有料老人ホームの入所契約等を含む。）の締結・変更・解除及び費用の支払い等に関する一切の事項
4．福祉関係の措置（施設入所措置等を含む。）の申請及び決定に関する審査請求に関する一切の事項
5．医療契約並びに病院への入院に関する契約の締結・変更・解除及び費用の支払い等に関する一切の事項
6．不動産、動産等すべての財産の管理・保存・処分等に関する一切の事項
7．金融機関、証券会社、保険会社、信託会社等とのすべての取引に関する一切の事項（貸金庫取引を含む）
8．定期的な収入の受領、定期的な支出を要する費用の支払い及びこれに関する一切の事項
9．日常生活に必要な生活費の管理及び物品の購入その他の日常関連取引（契約の変更、解除を含む）に関する一切の事項
10．シルバー資金融資制度、長期生活支援資金制度等の福祉関係融資制度の利用に関する事項
11．保険契約（類似の共済契約等を含む）の締結・変更・解除、保険料の支払い、保険金の受領等保険契約に関する事項
12．居住用不動産の購入、賃貸借契約並びに住居の新築・増改築に関する請負契約に関する事項

13. 遺産分割の協議、遺留分減殺請求、相続放棄、限定承認に関する一切の事項
14. 贈与もしくは遺贈（負担付の贈与もしくは遺贈を含む。）の受諾又は拒絶に関する一切の事項
15. 登記済権利証、印鑑、印鑑登録カード、住民基本台帳カード、マイナンバーカード、預貯金通帳、年金関係書類、各種カード、株券等有価証券又はその預り証、土地・建物賃貸借契約等の重要な契約書類その他重要書類等の保管及び各種の手続に関する事項並びに本後見事務の処理に必要な範囲内でのそれらの使用に関する一切の事項
16. 登記及び供託の申請、税務申告、印鑑登録の申請、住民票、印鑑証明書、戸籍謄本、登記事項証明、その他の行政機関の発行する証明書の請求並びに受領に関する一切の事項
17. 商行為、営業行為に伴う契約の締結、変更、解除、履行に関する一切の事項
18. 配偶者、子及び親など親族の法定後見（補助・保佐・後見）開始の審判申立てに関する事項
19. 新たな任意後見契約の締結に関する事項
20. 以上の各事項に関して生じる紛争の処理に関する、裁判外の和解・仲裁契約に関する事項
21. 以上の各事項に関する行政機関への申請、行政不服申立て、紛争の処理（弁護士に対する民事訴訟法第55条第2項の特別授権事項の授権を含む訴訟行為の委任、公正証書の作成嘱託を含む）に関する事項
22. 復代理人の選任、事務代行者の指定に関する事項
23. 以上の各事項に関連する一切の事項

以上のいずれにも当てはまらない事態に遭遇した場合どうなるのか。現行制度では、法定後見制度に移行せざるを得ない。私たちは任意後見契約の代理権目録で対応できないケースについては、家庭裁判所の審判により代理権の追加ができるよう、法律の枠組みの改定が必要だと考えている。

### (3) 死後事務委任契約

死後事務委任契約という契約類型は、りすシステムが生み出したものである。

我が国では、民法第653条（委任の終了事由）で「委任者又は受任者の死亡」により委任契約は終了すると規定されているため、自分自身の死後の事務を他人に委任する契約は無効とされていた。

「契約家族」構築で最も苦慮したのが、自分のことを自分で決めて誰かに委ねるという死後事務に関しては、法律的に担保されないという点であった。そんな時、時の女神が現れた。平成4年9月の最高裁の判決により（2-⑤参照）、民法第653条は強行規定ではなく任意規定であるため、委任契約の死後の有効性について、特約があれば死後も有効であることが明らかになった。この判決文では「死後の事務」と表現されていたが、私たちは「契約家族」契約による死後の事務は他に類を見ない新しい概念であったため、「死後事務」委任契約と称した。あれから25年余り、今日では「死後事務」という用語が学者の論文や官庁の書面でも自然に使われるようになった。

「契約家族」契約での死後事務委任契約は、自己の死周辺の後始末を他の人又は法人に託す内容である。死後事務委任契約の前提となるのは、死に行く人からりすシステムに喪主を頼むという「祭祀主宰者」の指定を受けることである。

既に述べたように、民法第８９７条（4－③参照）による先祖祭祀の主宰者は、本人の生前における指定によりその資格を得ることができる。赤の他人の葬儀等の喪主になるための、法的手続きである。

人が死亡したら死亡届などの法的手続きを行い、火葬、納骨等の業務がある。その他、年金、保険の資格喪失手続き、住んでいた家の処理に関する法律上の手続きや、荷物などの片づけ、処分など相当量の業務がある。それらの一部又はすべてをりすシステムに委任するというのが死後事務委任契約である。

委任すべき事柄を自己責任により決めると同時に、費用の支払いについて決めなければならない。これが難題である。我が国だけでなく近代法の大勢は、死者は自身で金銭等の支払いをすることができない制度となっている。人は死によって、すべての権利義務を相続人が承継することになっている。「契約家族」では死後の仕事も自己責任で実行するのだから、当然支払いも自己責任でなければならない。そのための工夫が必要となった。

その一つは、「負担付死因贈与契約」（民法第553条、第554条）である。この契約は、死後事務の履行を負担とし、負担額に見合う財産を契約による事務を履行した者に贈与するという仕組みである。

もう一つは負担付遺贈（民法第1002条）である。生前契約の仕組み作りの際に指導いただいた、当時の日本公証人連合会会長の柳川俊一公証人から、死因贈与契約は判例が少なく、相続人等に対抗することが難しいので、遺言による負担付遺贈を採用すべしとの助言を得た。しかし、遺言は単独行為つまり一方的な意思表示で、契約を受託したりすシステムと直接約束を交わすものでないという弱点がある。そこで、負担付死因贈与契約を補強するものとして、遺言による遺贈という二段構えの仕組みとした。

この遺言の執行者として、監視機関であるNPO日本生前契約等決済機構（以下「決済機構」という）を指定し、決済機構が換価してりすシステムに支払いを実行するという仕組みである。

## 2 「契約家族」が行った契約の完全履行を保証する監視機関

「契約家族」契約は、利用者が心身ともに弱っている状態及び人が死んだ後に契約が履行されるという特殊な委任契約である。したがって、利用者に代わり契約が完全履行されているか否かをチェックする機能が必要になる。

この役割は、りすシステムが受託している契約では、「決済機構」が担っている。契約者は決済機構との間で契約履行監視契約を締結し、受託機関であるりすシステムは決済機構のチェックを受けることを承諾する。契約の完全履行が確認された後、決済機構が支払を実行する旨の保証契約を行う。

数年前、生前契約もどきの公益財団法人が経営破綻し、多くの消費者被害を引き起こした。その理由の一つは、仕組みとしてはチェック機関を置いていたが、そこが十分機能しなかったためだといわれている。

りすシステムの生前契約による「契約家族」では、チェックを受ける法人とチェックする法人間で理事の重複はなく、独立した健全運営がなされていることが、りすシステムの社会的信頼性を高める要因となっている。

## 3　資金管理機関

「契約家族」契約におけるサービスは有償であり、その費用は受益者自らが支払わなければならない。しかし死者は自分で支払いができないので、事前に何らかの方法で支払原資を準備すると同時に、実務として支払いを実行する機関がないと、「契約家族」契約は円滑に機能しない。

支払いを実行するに当たり、約束通りの仕事ができており、請求内容が正しいことを確認しなければ支払ってはならない。現行、りすシステムが受託している契約では監視機関である「決済機構」が便宜上支払いを実行しているが、これは本来の形ではない。

決済機構は契約履行の完全性を保証する機関に特化し、将来的には専門の機関が決済機構の指図により、サービスを提供した機関（りすシステム）に支払いを実行する仕組みとすることが、「契約家族」契約の本来あるべき姿である。

## 「契約家族」は、周死期における心とからだの変化に対応

6－④

「周死期」は聞きなれないことばであるが、これは川嶋辰彦先生（学習院大学名誉教授）に生前契約20周年を総括する特別記念講演をお願いした際、川嶋先生が、りすシステムの契約家族づくり活動の時間的範囲を周死期と位置づけてくださったものである。

子どもがこの世に生を享け、出産により誕生する期間（妊娠22週から出生より7日間）を周産期と位置づけ、医療等各種の社会的サービスを提供している実体との対概念としたものである。

私たちの人生の中で、社会的生産活動の中核をなす成人の時期を終え、そろそろ自らの人生の集大成をと考える期間つまり周死期には、自立期、後見期、死を含む死後という、三つのステージが用意されている。周死期に入ると様々な場面で「他人」の助けが必要になってくる。

我が国は福祉国家であり、社会的には様々なサービスが提供されているが、そのサービスを利用するには適時適切にサービスを選択することが必要となる。この役割は従

来、家族が担ってきたし、今日でも家族の役割とされている。

本書でも再三述べているように、肝心かなめの「家族」が近時大きく変容している。個々の内容はともかく、総合的な「家族力」が減退していることは間違いない。家族力の減退をどのように補強するか、あるいは家族以外の社会的仕組みを創出するかの選択がこの国に迫られている。

私たちの生前契約運動はひとまず、減退した家族力の補強システムとして、契約による新たな家族づくりを提案している。それぞれの人生のステージにおいて、生前契約が提供可能なサービスの概要を示したのが図2、図3である。図2の「フレイル」への対応が極めて重要で、その対応は困難であるが、私たちには25年間蓄積したノウハウがあり、それらを活用することで適切なサービス提供を可能としている。

■図２

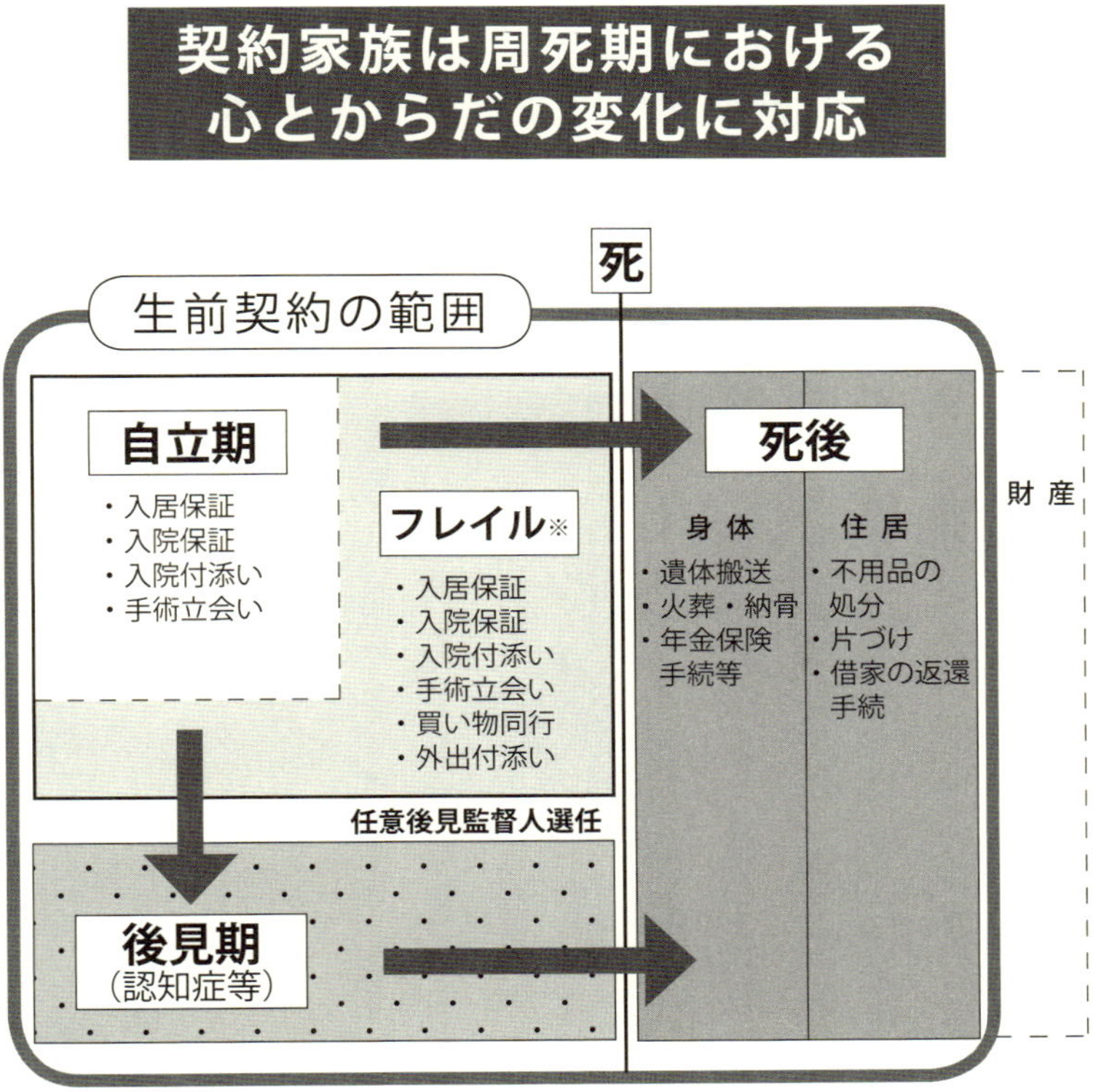


※フレイル
年を取ると段々と体の力が弱くなり、外出する機会が減り、病気にならないまでも手助けや介護が必要となってきます。このように心と体の働きが弱くなってきた状態をフレイル（虚弱）と呼びます。（東京都医師会 HP より）

■図3

# あなた（契約者）を支える
# 契約家族（りすシステム）の姿

本人を取り巻く多種多様な機関との間をつなぐ役割＝りすシステム

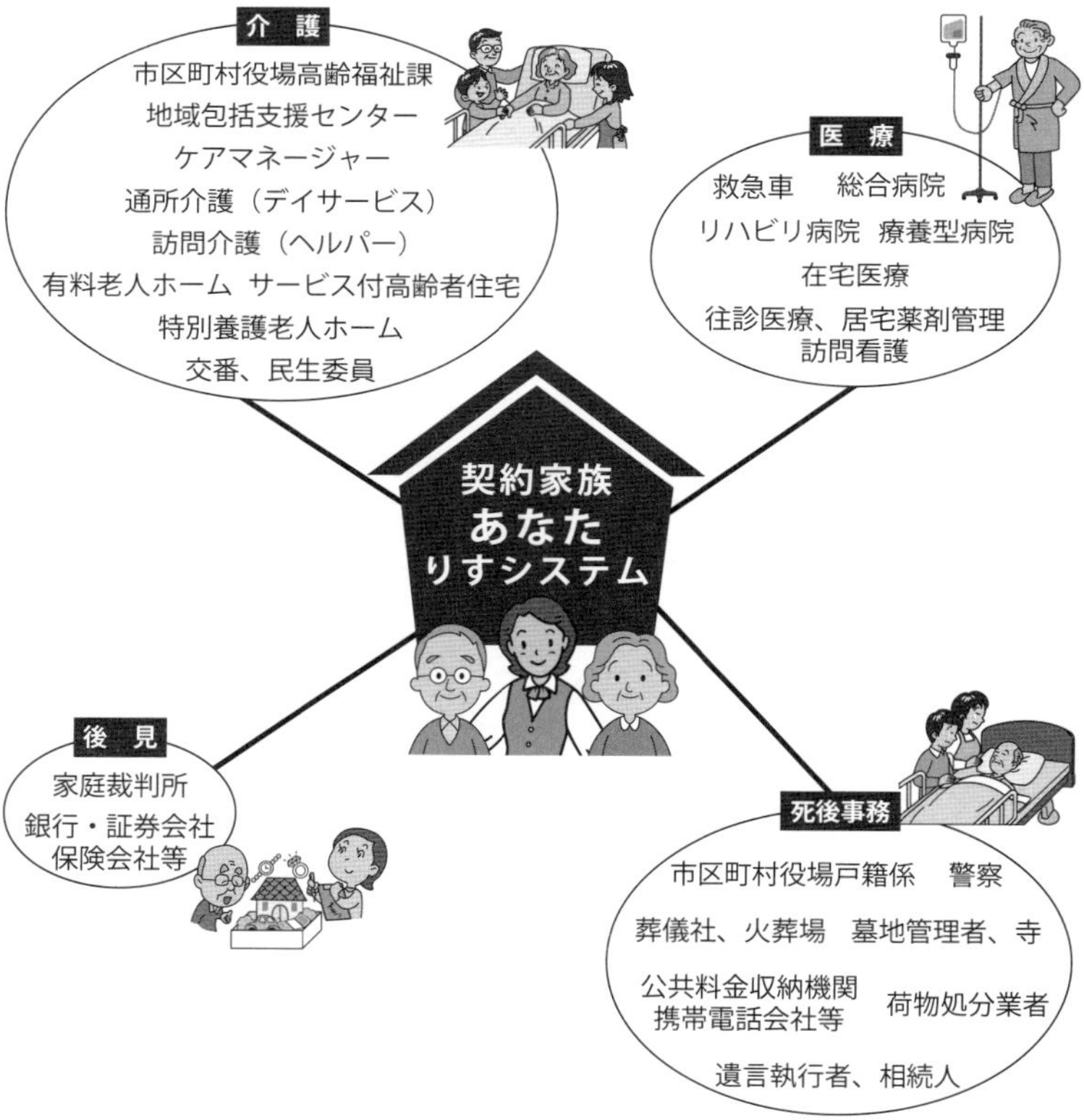

6－⑤

# 企画書、意思表示書が「契約家族」に血を通わせる

生前契約における契約書面は包括的なものなので、契約事項を具現化し血の通ったサービス提供を可能にするための付属文書として、生前契約企画書や事前意思表示書を用意している。

**〈生前契約企画書〉**

生前契約企画書は、主として死後事務の内容を具体的に整理したもので、死後事務に要する予算を企画書に記入し、見積額を算出する仕組みとした。

生前契約における死後事務の内容は、人が死亡した際、火葬等により遺体をお骨にして、そのお骨をお墓等に納めること、そのために必要な法律上の手続きを行い事務を履行すること、これを基本型死後事務とした。

お骨の最終処理の場は利用者があらかじめ準備することを前提条件としているが、準備ができていない場合、同時進行で墓地等を取得する。お葬式といわれる宗教儀礼等は

自由に選択できる死後事務としている。

企画書では、柩や骨壺など、定型以外の選択ができる。通夜葬儀等を行う場合や納骨の際の宗教儀礼は必要か否か、仏壇等祭祀財産の処分、居住していた場の片づけや処分・返還手続き、パソコン・携帯電話・手紙・写真など個人情報の消去、ペットの処遇、死後配達された郵便物の処理方法等、現在家族が日常的に処理している事柄についてもその方法等を定め、費用の準備をしておく。

企画書で決めた内容を完全に履行する過程で、インフレなどによる価格上昇等、想定外のことが起こる可能性があるので、必ず予備費を計上する。りすシステムはこれら死後事務にかかる費用の最終精算報告書をチェック機関である決済機構に提出し、チェックを受ける。最終的な報告書の送付先、余剰金が発生した場合の引渡し先を指定し、企画書に記載しておく。

入院、危篤、死亡など一身上の異変があった際、それぞれの場面で連絡してほしい人、その連絡先などの登録をしておくことが必要となるが、比較的多いのが、「死後事務がすべて完了した後に連絡してほしい」という希望である。このように自分勝手、究極の我儘《わがまま》を貫き通し、ひとりで死ねるのが生前契約という文化装置である。

〈医療上の判断に関する事前意思表示書〉

あまり耳慣れない言葉であろうが、少々大袈裟にいえば、今後このような意思表示書がないと、手術等重大な病気の治療が受けられない時代が来るだろう。

なぜならば、知見も技術も高い医師が、無知なる患者に対し医療という施しを与えるパターナリズム（父権主義）による医療から、インフォームド・コンセント（説明を受け納得した上で同意する）、医師が治療法について患者に説明し、患者の自己決定により治療法を選択するという「医師と患者による共同参画型医療」への転換によって、患者自身の明確な意思表示が難しい場合や、同意する家族等がいない場合、手術等重大な医療行為はできないことになる。

正常な意思表示が可能な状況では、自己決定した結果を医師に伝えればよいが、これを書面にしなければならず、その際の保証人が求められる。ましてや正常な判断が困難な状況になった場合はお手上げとなる。生前契約は、家族の役割を担うことを標榜《ひょうぼう》している。血縁による家族であれば、事前の意思表示書がなくても本人に代わって意思表示することが社会的に認知されているが、他人にはその権限は認められていない。となれば、正常な判断のできるうちに、万一の場合に備えた意思を書面にしておくことが必要となる。それが、「医療上の判断に関する事前意思表示書」である。

この意思表示書はいつでも書き換えができる。書き換えた場合、必ず日付を記入し、直近の意思表示を真正なものとして取り扱う。

意思表示する事項は、①病気診断の告知、②終末期における治療・療養について、③終末期の治癒（回復）不能診断結果の取扱い、④食事を口からとれなくなった場合の栄養補給、⑤臨死期の選択、⑥植物状態の治療について、⑦臓器移植の可否、⑧臓器提供の可否、⑨Ａｉによる死因究明の可否、⑩病理解剖の可否、⑪献体登録の有無、⑫医療情報の提供（ドナーカード、お薬手帳等）、⑬あなたの医療についての考え方である。

以上の内容の意思表示書は必要な局面で医師等に提示し、契約者が最適な医療を受けられることに資する。生前契約アドバイザーは、本人が医師から説明を受ける場に同席するなどして、インフォームド・コンセントに対応する。またこの意思表示書に基づき、緊急事態ではアドバイザーが本人を代理して同意することもできる。


**〈後見事務履行に関する事前意思表示書（略称：後見ノート）〉**

生前契約締結の必須条件として、契約者とりすシステム間で任意後見契約を締結する。

後見事務履行に関する事前意思表示書、略称・後見ノートは、後見状態におけるＱＯＬの確保を目的とし、任意後見人となるりすシステムに対し、日常生活についての願望や要望を記した注文明細書のようなものである。

書面冒頭には、「私が後見等の状況になり『任意後見契約』の効力が発生した以降の『私の生活のあり方（生活の質）』について、各項目に表示されたことを基準に後見事務を履行してください」と記されている。５－③で紹介したが、内容は自由記述方式である。

〈収骨しない葬法を選択した際の意思表示書〉

近時、葬法の多様化が進み、火葬後、お骨を拾わない葬法を選択する契約者もいる。火葬場は全国に１５００か所ほどあるが、お骨を拾わないことについて、大部分の火葬場は許諾してくれる。その場合、「収骨しないことは死者本人の意思であり、その意思を体し、葬儀等の主宰者は収骨しないことを選択したので、火葬場には一切迷惑をかけない」などと、一筆書くことを求められることが多い。それは、我が国の火葬文化では、火葬後の焼骨は収骨するのが当たり前となっているため、後日、死亡した人の関係者から焼骨の引渡しを求められた際、火葬場側の説明資料とするためである。

収骨しなくても法律上はまったく問題ない。火葬炉の中に存在する焼骨は法律上、産業廃棄物である。しかし、収骨して骨壺等に収めたお骨を粗末に取り扱ったり、遺棄したりすれば、墓地、埋葬等に関する法律や、刑法第１９０条の死体損壊罪に問われることがある。

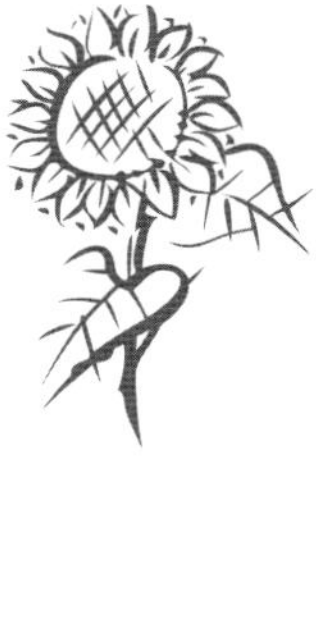

6－⑥

## 生前契約の担い手「生前契約アドバイザー」

日本の社会では思いもよらなかった「生前契約」という文化装置を創設し、そのシステム化を図って運用するに際し、その担い手となる専門的職業人が必要となった。今から25年も前のことで、参考になる国家資格など調べたが、あるはずもない。これから実現させようとしているシステムそのものに前例がないので、当然といえば当然である。そこで「生前契約アドバイザー」という専門職を制度化し、その養成のための講座を開講した。

講座の科目はざっと30コマくらいになり、大学に生前契約アドバイザーコースを設置し、履修させなければならないレベルであることに気づいた。志は高くとはいっても、小さな寺が事業主体でスタートするプロジェクト故、まずは身の丈に合ったところからスタートすることにした。

こうして、第1回生前契約アドバイザー養成講座開講にこぎつけたのが、平成５年10月オープンの数か月前であった。金土日の３日間コースで、ホテルの一室を会場にスタートした。

座学履修と実務実習等を勘案し、3段階の資格制度とし、初級を「生前契約アシスタントアドバイザー」、中級を「生前契約アドバイザー」、上級を「生前契約スーパーバイザー」とした。

生前契約の締結には、生前契約アドバイザーの立会いを必須条件としたため、アドバイザー有資格者が緊急に必要となった。学歴、職歴、適性等で2名を選抜して生前契約アドバイザーに認定し、契約受託にこぎつけた。

生前契約スタートから四半世紀を経た今日、生前契約がぶれることなく進化に深化を重ねることができたのは、生前契約アドバイザー制度の成熟によるところが大である。

スタート当時を省みると、私自身の頭の中で構想した内容をそれなりに書面に表現してはみたものの、人がひとりで生き、死んでいくのに必要と思われる決め事は多岐に亘り、それらを書面に表すことの難しさに戸惑うことの連続であった。

このような体験から学んだのが「利用者はお師匠様」という合言葉である。私たちは利用者一人ひとりの人生から学び、学んだものを類型化し、書式として整理するという作業を際限なく繰り返し、今日に至るも怠ることのないよう自戒している。

6－⑦

# 生前契約利用の手順と費用

後掲の図４を見ていただきたい。

生前契約は有料の広告宣伝をしていないので、メディアや口コミによる情報を得て、電話、ホームページ等から事務局に問い合わせ、資料一式を入手する。資料を読み込んで気持ちが動いたら、東京はじめ全国９か所で「生前契約説明会」を開催しているので参加する。説明会に参加して納得すれば、利用申込み手続きを開始する。

生前契約の基本はすべて自己決定によるため、勧誘や勧奨に類することは一切せず、生前契約の理念や仕組みなど内容の説明に終始して、四半世紀が経つ。

「生前契約は難しい」とのお小言をいただくこともあるので、何とか平易にするべく日々努力をしているが、何といっても「百人百様の一人ひとりの人生を託され引き受ける契約」ゆえ、念には念を入れることもやむを得ないと、自らに言い聞かせてきた。

他方「詳細は後ほど」ということにし、費用を納付し公正証書を作成すれば、病院の入院保証や老人ホームの入居保証などのサービスを直ちに受けられる「総合保証パック」というメニューもある。

保証人がいなければ、ホーム入所、手術の承諾ができない。手続きに1～2か月も要したのでは、肝心なときに役に立たない。それならば、詳細な手続きを後回しにしてサービスを先行すればよいではないか、との議論もある。しかし、そうはいかないところに生前契約の特殊性がある。

入院や手術は「死と隣り合わせ」で、死亡したらそれを誰に伝えるのか、どんな死後事務を望んでいるのかまでは、何とかなる。しかしながら、公正証書等による明確な代理権限がなければ、病院はりすシステムを保証人として認めてくれないし、手術中の異変に対する対応について、医療上の判断に関する事前意思表示書等、明確な本人意思を示す根拠がなければ、保証人としての役割が果たせない。

このように考えると、生前契約という仕組みのすごさを実感していただけるのではないか。そのすごさを、スピード感をもって活用していただくための企画が「総合保証パック」である。

生前契約利用に要する費用には2種類あり、生前契約の受託母体であるりすシステムという法人の維持運営費と、りすシステムが提供するサービスを契約者が利用した際の

■図4

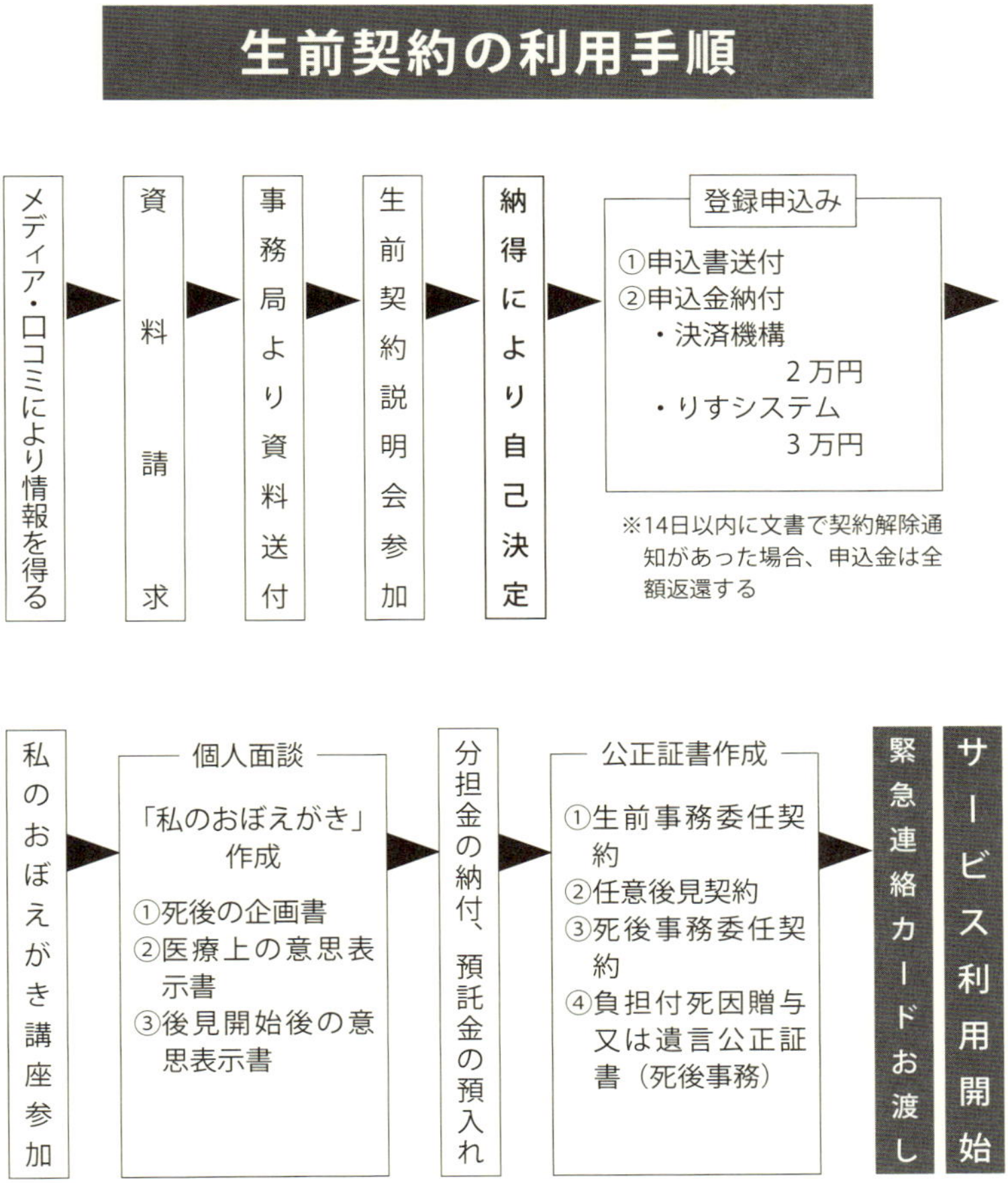
生前契約の利用手順
メディア・口コミにより情報を得る
資料請求
事務局より資料送付
生前契約説明会参加
納得により自己決定
登録申込み
①申込書送付
②申込金納付
・決済機構
2万円
・りすシステム
3万円
※14日以内に文書で契約解除通知があった場合、申込金は全額返還する
私のおぼえがき講座参加
個人面談
「私のおぼえがき」作成
①死後の企画書
②医療上の意思表示書
③後見開始後の意思表示書
分担金の納付、預託金の預入れ
公正証書作成
①生前事務委任契約
②任意後見契約
③死後事務委任契約
④負担付死因贈与又は遺言公正証書（死後事務）
緊急連絡カードお渡し
サービス利用開始

利用料である。

契約時の申込金は5万円で、その内訳は、申込金としてりすシステム分3万円、監視機関である日本生前契約等決済機構分2万円、分担金（法人の維持費）15万円。契約手続き完了後のシステム維持費（会費）として月額1000円は、終身納付していただく。

生前事務利用の費用は原則、その都度払いであるが、これが難しい場合もあるので決済機構に20万円を目安に預託し、サービス提供後に履行状況をチェックの上、りすシステムに支払う。

死後事務の費用は、あらかじめ生前に準備した財産（決済機構への預託金を含む）を決済機構が遺言執行により換価して、りすシステムからの請求書の正当性をチェックした後に支払う。

6－⑧

## 社会認知がすすむ生前契約
## ――国立歴史民俗博物館に展示

5年ほど前のことである。

千葉県佐倉市にある国立歴史民俗博物館から、「博物館に生前契約を展示したいので協力してほしい」との電話が入った。最初は、生前契約という文化装置が、国立の博物館に展示されることのイメージが湧かなかった。そもそも無形のノウハウがどのように展示できるのか。スタッフ一同で、喜んだり悩んだりしたものだ。

その後、担当研究員の山田慎也氏と打合せをする中で「契約者が生前契約をした公正証書正本など、関係書類のコピーを提供していただけないか」との申入れがあった。しかし、生前契約は契約者自身にとってこの世にたった一つしかない最高のプライバシーの証。果たしてそれを公開してくれる方があるだろうか。

そんな折、進藤光江さんという、生前契約に関する公正証書作成などすべて完了し、死出の旅装束も準備している方に出会った。生前契約アドバイザーが交渉役として進藤さんにお願いした結果、「名誉なことですので、ご協力いたします」と快諾いただいた。

こうして、国立歴史民俗博物館への生前契約展示が実現し、現在でも展示されている。見学に行った進藤さんは「私は先祖の墓を承継する立場にありながらそれが叶わず、ご先祖様に対し肩身の狭い思いでしたが、国立の博物館に展示されたことで誇らしい気持ちです」との思いを語り、スタッフ一同ホッとしたものである。

山田氏に、りすシステムの生前契約が展示の対象に選ばれた理由を聞いたところ、こんな答えがかえってきた。

「高齢化が進むとともに個人化していく社会の中で、近親者がいない、もしくは頼れない人々が、終末期や死後のあり方についてどのように実現していくのかが課題となってきました。こうした老後や死後のことをサポートする社会的仕組みの一つが生前契約です。りすシステムは、こうした制度をいち早く整えた団体の事例として取り上げています」

さらに、生前契約の生みの親ともいえる「もやいの会」についても、もやいの碑の写真が同じコーナーに展示されている。

思いを巡らせば、１９８０年代後半から21世紀初頭にかけて、人の死を取り巻くテーマで実に多くの試みが世に問われた。その中で、合葬式の墓の先駆けとしてもやいの碑、そして生前契約が、展示協力者の進藤さんだけでなく、延べ５０００名を超える契約利用者と共に構築した文化装置となり、人類の葬送史の１ページとして公の場に記録され保存された意味を私たちは重く受け止めている。

# りすシステムの生前契約の現状

りすシステムの生前契約は、平成5年10月に産声を上げた。

東京都千代田区九段の2DKマンションの一室を事務所にしてスタートしたが、収入はほとんどなく、功徳院東京別院の仕送りで費用を賄ったが、決して豊かでない寺は財政負担に耐えかねて、1年後には事務所を豊島区巣鴨の寺に同居させ、生前契約活動を継続した。

平成12年2月、生前契約受託法人である株式会社りすシステムが、独立機関として設置していた「サービス適正化委員会」を改組して設立した、日本生前契約等決済機構のNPO認証を機に、千代田区九段のマンションの一室に事務所を移転。同年11月には株式会社りすシステムもNPO認証を受け、NPOりすシステムに衣替えして私が代表理事となり、同一事務所で私が決済機構の事務局長を兼任し活動を続けていた。

しかし、チェック機関とチェックを受ける事業体が同一の場所で、同一人物が中心となって活動することは、契約者はもちろん、社会的信頼が得難いとして、当初、決済機構は専務理事の弁護士事務所に同居し（その後、千代田区麹町のビルの一室に移転、独立）、私は決済機構の役職を辞し、名実共にりすシステムと決済機構は独立した機関、法人として活動を続け今日に至っている。

## 〈生前契約履行に必要な原資の受託について〉

生前契約は、自己決定により自分らしい生き方、死に方を選択し、それをサポートするシステムで、サービス履行に必要なお金は契約者が負担する。

生前事務履行については「都度払い」が原則であるが、危急の場合等、具体的な支払行為が不可能なこともある。それと同時に、回収不能の事態は組織の存続上も絶対に回避しなければならない。その対策として、サービス開始に際し、一定額の金銭の預託を受ける仕組みを採用している。

金銭の預託を受ける場合、サービス受託事業者（りすシステム）が直接金銭を預かる仕組みではなく、第三者機関が預かって、サービス履行の都度、履行事業者に支払うという支払代行システムを採用した。

原資預かり機関を別途設立するか、既存の機関を活用するか検討を重ねた結果、多少イレギュラーであるが、契約の完全履行のチェック機関として設立したＮＰＯ日本生前契約等決済機構にその機能を委ねることにした。

当初、生前事務履行に要する原資として、１件20万円程度を想定した。死後事務履行に要する原資は、生命保険等が好ましいが、生命保険金の受取りを、法定相続人以外を指定する保険契約を生命保険会社が受託しないという問題に直面した。苦肉の策として、死後事務履行の原資も利用者からＮＰＯ日本生前契約等決済機構が預かるという方式をとらざるを得なくなった。

そもそも、我が国の法律制度は死者自らが、自らの資産から必要な費用を支払うことを容認せず、すべて相続人に委ねるという法の建付になっていることが問題なのだ。生前契約の本旨からはＮＰＯという法的に組織基盤の脆弱《ぜいじゃく》な法人が、数十億の資金を受託しなければならない現状は、速やかな改善が必要である。とはいえ、他に適切な手法が見出せないため、可能な限り安全、確実な方策をもって、預かり金の管理運用を行っている。

まず管理運用規則を制定し、規則を遵守すると同時に、法律による信託財産ではないが信託制度における「信託財産の独立性」の原則に則って、日本国国債を中心に管理運用している。日本国国債の信認についての議論もあるが、生前契約は日本国の存亡と運命を共にするという考え方である。

さらに、創立者の私でさえ、ＮＰＯ決済機構の運営に一切関与しないというモラルも遵守している。

**〈政府の消費者委員会の建議〉**

時あたかも平成29年1月31日、消費者委員会（消費者庁及び消費者委員会設置法に基づく機関）が、「身元保証等高齢者サポート事業に関する消費者問題についての建議」を行ったと報道された。

生前契約創立後24年にして、国が私たちの行っている社会サービスに目を向けたと私は歓迎している。玉石混交、雨後のタケノコの如く存在している事業所に対し、国がどのような関与をしようとしているのか不透明であるが、問題の本質、例えば単に「身元保証」という切り口で議論するだけでは、問題の解決にならない。人が生活者として生きている「今」から、死後に至る連続的時間軸でとらえることが必須であること、死後の自己決定権を担保する「死者の人権」をどのように位置づけるのか…、等々について、大局的見地からのアプローチが不可欠であることを指摘しておきたい。このような政府の取組みを歓迎するものの、早期に成果の出るほど簡単なテーマではなく、当面即効的解決は期待し難い。

国が消費者問題として注目し関与してきたのは、公益財団法人が運営するサービスが破綻し、多くの消費者被害が惹起《じゃっき》したことに端を発したと考えられる。

### 〈他の類似のシステムと比した生前契約システムの健全性、確実性〉

生前契約運動を進める私たちは、契約利用者を「師匠」として研鑽《けんさん》を積んできたことから、生前契約システムが極めて使い勝手の良い文化装置に成長したと自負している。20年程前まで、法人が身元引受保証をするという文化が我が国にはなかった。苦労を重ねそこに風穴を開けたのがりすシステムの生前契約であったが、いつの間にかそのことが世の中での普通となり、玉石混交、雨後のタケノコの如くビジネスとしての事業者が乱立している。

これらの事業者のすべてとまでは言わないが、大多数はりすシステムの生前契約の部分部分を都合よくピックアップし、ビジネスモデルとしていると言っても過言ではない。世の中に発明者責任というものが存在するとすれば、責任の一端が私にあるのかと思うこともある。

しかし、一言の断りもなく、勝手に都合よく運用している事業者の真贋《しんがん》を見極める消費者の賢さも求められよう。あえて言うが、りすシステムの生前契約という本物の存在を見落とさないように、多くの消費者に注意を喚起しておきたい。

最近、行政、老人施設、医療機関等々からの問合せや、利用を検討している方の紹介が多くなっている。身元引受保証人がなくホームに入居できない、病院に入院できない、手術をしてもらえない等々である。

また、身元引受保証人を求めることに異を唱えるという議論があるが、それぞれの施設や機関は長年の経験からも、より良いサービスを提供するために必要だから、身元引受保証人を求めていることを理解すべきである。債務保証とは別に身元引受保証人というのは、一身専属的な施設やサービスの利用者自身を護るためのものである。

例えば、手術など大きな侵襲《しんしゅう》を伴う治療の場合、インフォームド・コンセントが成立しなければ治療できない。仮に、医師が患者の同意のない手術を行った場合、成功すれば問題ないが、成功の裏側には失敗がついて回る。遺族等の関係者から、「医師が勝手に手術して死んでしまった、どうしてくれる」と訴えられたら、その責任は誰が取ることになるのか。

6－⑩

# 「契約家族」の未来

25年前、生前契約を立ち上げるに当たり、何時でも、何処でも、誰でもが安心して利用できる「生前契約」を目標とした。この初心に現在どこまで近づけたか、絶えず自分自身に問いかけているが、道半ばどころかやっと大きな一歩を踏み出せたところではないかと、自問自答の日々である。

しかし、生前契約の扉をトントンと叩いてくださった方々は数万人。そして扉を開けて中に入って来てくださった方（契約された方）は５０００名を超え、死亡された方や中途解約された方を除けば、現在「契約家族」契約を締結している方は約３５００名おられる。

平成12年2月に決済機構が、同年11月にりすシステムがＮＰＯ認証を受け、記者発表の最中、正午のＮＨＫニュースで全国に報道されたのを機に、全国各地から問合せが殺到した。これを受けて全国展開をすすめ、現在、全国主要都市８か所に支部をおき活動を続けるに至っている。

これは「何時でも、何処ででも」へ一歩でも近づくことを目標とした決断であった。もちろん、全国の拠点を維持する財政負担は大きいが、地道な活動を支援したいという方々の遺言による、多くのご寄附によって、近時収支のバランスが取れる状態に至っている。

テレビ、ラジオ、新聞、雑誌等マスメディアの露出以外の広報活動をせずに、これだけ広がったことに感謝する。自慢にならないかもしれないが、25年間広告費らしい出費はゼロである。

本書で紹介したが、当初、老人ホーム入居や入院、手術等の身元引受保証を法人が引き受けるなどもってのほかという非難があり苦労したが、今やホームや病院等から保証人を引き受けてほしいとのオファーが多くなった。加えて、市区町村の高齢者福祉関連部署からの紹介も増加している。

こんな声も聞かれるようになった。「国がすすめている地域包括支援システムについて、『契約家族』のような仕組みが入らないと、うまく機能しないだろう」というのだ。

私たちは当初から思っていた。地域の資源をネットワークし、必要な時に必要なサービスをチョイスせよというが、一人暮らしで心身ともに弱った状態でどのようにチョイスするのか。さらに、サービスを受ける契約の主体に意思能力など問題はないのか。

国の統計によれば、認知症の高齢者が５００万人を越えた現在、成年後見制度により後見人等が付いている人は平成29年末時点で21万２９０人（最高裁統計）である。５００万人の認知症有症者のすべてが、今後その福祉サービスを受けるための契約能力がないのかといえばノーであるが、一応認知症と診断されているのだから、何らかの判断能力に障害があると考えて良いのではないか。それらの人々は現在いわゆる家族が補完し、何とか国の施策も廻っている。

こんな統計もある。65歳以上の一人暮らしの人口は５９２万人（平成27年）だという。この数字に高齢者の認知症有症率15％を乗じると約90万人。成年後見制度により保護されている21万人と比べてみると恐ろしい話になる。もちろん、一人暮らしイコール家族なしという訳ではない。しかし成年後見制度で保護されているのは認知症だけでなく、各種精神疾患等もあるので、21万人がイコール高齢者でもない。

いずれにしても、21世紀に入り国は福祉サービスの提供を措置から契約へと転換した。それへの対応策の一つとして、従来禁治産、準禁治産といった名称により、一般に利用のハードルが高いとの批判があった民法を改正し、任意後見契約に関する法律を制定したが、認知症有症者５００万人中21万人しか利用されていない現状をみても、高齢者福祉制度破綻も現実味を帯びてくるのではないか。

25年前にささやかな社会的実験として産声を上げた「契約家族」づくりのための生前契約という仕組みが、国の社会保障の行き詰まりを打開する一手となる日はそんなに遠くない。その日を見届けるまで、私も禅の高僧・仙厓義梵《せんがいぎぼん》和尚にならって「ほんまに、死にとうないのう」という日々を紡いでいる。

6－⑪

# 生きる権利と死ぬ権利

生きる権利は日本国憲法第25条で保障されており、異を唱える向きはいないだろう。これに対し、死ぬ権利はどうだろう。生きる権利があれば、死ぬ権利だって認めても良いのでは…とそう単純にはいかない。生命に対する価値観、いわば生命倫理ともいうべき根源的な問題がある。

〝死ぬ権利〟については、終末期医療の分野での議論が活発化しているが、医療費がかさむので終末期の治療を打ち切るという、生命の尊厳をないがしろにする方向の議論になってはならない。

終末期医療のあり方は、一にも二にも本人の意思による自己決定が絶対的条件だ。この理念を具現化するため、りすシステムの「契約家族」契約では、25年前から「医療上の判断に関する事前意思表示書」という書面により、本人意思が十分実現されるよう対処している。

悲しいことに、りすシステムの契約者の中でも、自ら生命を絶つ方がいる。警察庁の自殺者数の統計によれば、自殺者は平成15年の3万4427人をピークに、平成29年には2万1321人にまで減少している。自殺防止について、朝野を上げての対策が功を奏したのであろう。

自殺者数の統計を見るたびに不思議に思うのは男女の差で、平成15年の男性の自殺者は女性の2・6倍、平成29年は2・3倍となっている。本書の冒頭で紹介した仙厓《せんがい》義梵《ぎぼん》和尚のように、87歳まで生きても時間の足りないという人もいれば、自分の人生の役割は終わったと自ら命を絶つ人もいる。

まだまだ命を長らえたいのだが、諸般の事情で生命を絶たねばならない、そんな人は社会として救わねばならないが、やるべきこと、やりたいことがすべて終わり、この世に未練はないと達観した人が自らの命を絶つ、そんな死もあることを認めないわけにはいかないであろう。

問題は、生命を終わらせる方法である。りすシステムの契約者の事例の一部を紹介しておきたい。

・東京23区内に住んでいた柿沢智江子さん（78歳・仮名）からハガキが来た。「これから青木ヶ原樹海に入ります。探さないでください」。こんなケースは困る。探さないでくださいと言われてもそうはいかない。こちらとしては警察に届け、警察は捜索班を組織して探さなければならない。死んでまで税金を使うことになるので、こんな死に方は止めていただきたいものである。

・東海地方のある市で暮らしていた岩川隣二さん（75歳・仮名）。生前契約アドバイザーが自宅を訪問する約束をしていたので、その日時に訪問した。まず玄関の鍵が開いていたので声をかけ、返事がなかったので一歩踏み込むと亡くなっていた。遺体はまだ温かかった。すぐに警察に通報。アドバイザーは警察の事情聴取を受け、監察医の検案の結果、事件性はなく遺書もあったことから自死と判断され、その後の死後事務をスムーズに開始した。

・関西地方のある街にお住いだった葛原亘さん（77歳・仮名）から封書が届いた。「○月○日○時ころ命を絶つので、企画書通りに宜しく頼む」との手紙には、家の鍵が同封されていた。

自殺が良いか悪いかの議論をする際、生命は誰のものかという根源的な思索を踏まえ、熟慮に熟慮を重ねた結果、自ら「生命」を絶つという選択肢以外はないという結論が出たのであれば、自己責任でその決着をつけるのに、他人がとやかく口を挟むべきでないのでは…、とも思う。

しかし、死に方にはマナーが必要。他人に限りなく迷惑がかからないような死に方を選ぶのは、この世に生まれて多少なりとも社会の恩恵を享受した者としての社会的責任であり、義務ではないか。生と死、この永遠の問題について、私は悩みつつ走り続けるつもりである。

## ―あとがき―

契約によって喪主となれる家族をつくる仕組みを「生前契約」の名称でスタートさせたのが、平成5年10月。今年で25年になる。生前契約は形のないものだが、この年の12月に生まれた孫娘が大学を卒業し銀行に就職、今年の誕生日で25歳になる。形のない生前契約に孫娘の成長を重ね合わせると、25年という歳月が実感できる。

もやいの碑という、志のある者なら誰でもが入れる墓を作りホッとしたのも束の間。墓のことは安心したが、墓に納骨するまでのことを何とかしてほしいと、もやいの会々員の方から迫られたのがそもそもの始まり。家族力なるものが音を立てて崩れようとしている矢先のことで、家族力の復興をどうするかというテーマは重く厳しいもので、どこから手を付ければ良いのか眠れぬ夜が続くこともあった。

私自身の気負いもあり、人類発祥以来、今日に至るまで続いている「家族」に代わる仕組みを作るとなれば、未来永劫に機能し続けるものでなければならないとの思いも強かった。

本書で縷々《るる》述べてきたが、そもそも「家族」とは何かという法律の規定すらなく、何となく家族として機能しているものに対し、法律という道具を駆使して「契約家族」をつくろうというのだから、並大抵の覚悟ではできないことも、承知の上での取組みであった。

25年前、「契約家族」を必要とする人々は少数派であったが、今日では、「契約家族」に市民権を与えざるを得ない社会的状況に至っている。とはいえ、生前契約利用者は未だマイナーな存在である。近未来、人が豊かに生き、そして死していくには、「契約家族」の証というパスポートは必需品となるに違いない。26年目の今年からが契約家族運動の正念場を迎えることになると覚悟を決めている。本書がその水先案内役となることを願ってやまない。

株式会社日本法令　開発部の庄司裕子氏から、「生前契約の本を書かないか」とのお誘いを受けてから3年が経った。この間、鈍間《のろま》な私を叱咤激励してくださった庄司氏、同社出版部　八木正尚氏の根気強さがなければ、本書が完成することはなかった。心から感謝申し上げる。

悪筆の私の原稿を活字化するところから始まって、原稿の整理を担当した、りすシステム編集部の上岡なぎさ、寺田正樹、村田亮、そして企画室長の芳賀みゆきには大変な苦労をかけた。

法律用語など専門的知見により原稿を校閲くださった弁護士の清水勇男氏（ロッキード事件等を担当した元検事、元公証人）、生前契約の生き字引・りすシステム生前契約スーパーバイザー黒澤淑子、同じく森妙子、代表理事の杉山歩、行政書士の黒澤史津乃と、とにもかくにも、りすシステムスタッフの総力戦で本書は完成した。

一生懸命に校正したが、見落としや言葉づかいなどに誤りがあれば、その責任はすべて筆者にある。お読みいただいたご感想やご意見など、お寄せいただければ幸いである。

平成30年8月8日

功徳院責任役員　もやいの会事務局長

りすシステム創始者　松島　如戒

※本書の内容、生前契約や契約家族のことなどに関するお問合せは、こちらへお願いいたします。

◎NPOりすシステム

電話　0120-889-443（24時間365日対応）

http://www.seizenkeiyaku.org/


私、ひとりで死ねますか
―支える契約家族―

平成30年8月10日　初版発行

検印省略

日本法令®

〒101-0032
東京都千代田区岩本町1丁目2番19号
http://www.horei.co.jp/

著者　松島如戒
発行者　青木健次
編集者　岩倉春光
印刷所　東光整版印刷
製本所　国宝社

(営業)　TEL　03-6858-6967　Eメール　syuppan@horei.co.jp
(通販)　TEL　03-6858-6966　Eメール　book.order@horei.co.jp
(編集)　FAX　03-6858-6957　Eメール　tankoubon@horei.co.jp

(バーチャルショップ)　http://www.horei.co.jp/shop
(お詫びと訂正)　http://www.horei.co.jp/book/owabi.shtml

※万一、本書の内容に誤記等が判明した場合には、上記「お詫びと訂正」に最新情報を掲載しております。ホームページに掲載されていない内容につきましては、FAXまたはEメールで編集までお問合せください。

・乱丁、落丁本は直接弊社出版部へお送りくださればお取替えいたします。





ISBN 978-4-539-72600-6